维纳 布洛格

中外名人的青少年时代丛书

主编 / 林 乾

编著 / 王立君 孙维义

山西出版传媒集团
山西人民出版社

图书在版编目（CIP）数据

维纳　布洛格/王立君,孙维义编著.—太原：山西人民出版社,2012.6

(中外名人的青少年时代丛书/林乾主编)

ISBN 978-7-203-07693-3

Ⅰ.①维…　Ⅱ.①王…②孙…　Ⅲ.①维纳,N.(1894~1964)—生平事迹—青年读物②维纳,N.(1894~1964)—生平事迹—少年读物③布洛格,N.E.—生平事迹—青年读物④布洛格,N.E.—生平事迹—少年读物　Ⅳ.①K837.126.11－49②K837.126.3－49

中国版本图书馆 CIP 数据核字（2012）第 067283 号

维纳　布洛格

编　　著：	王立君　孙维义
责任编辑：	高美然
装帧设计：	陈　婷
出 版 者：	山西出版传媒集团·山西人民出版社
地　　址：	太原市建设南路 21 号
邮　　编：	030012
发行营销：	0351-4922220　4955996　4956039
	0351-4922127　（传真）　4956038（邮购）
E-mail：	sxskcb@163.com　发行部
	sxskcb@126.com　总编室
网　　址：	www.sxskcb.com
经　销：	山西出版传媒集团·山西人民出版社
承　印　者：	运城日报社印刷厂
开　　本：	890mm×1240mm　1/32
印　　张：	9
字　　数：	140 千字
印　　数：	1-5000 册
版　　次：	2012 年 6 月　第 1 版
印　　次：	2012 年 6 月　第 1 次印刷
书　　号：	ISBN 978-7-203-07693-3
定　　价：	17.00 元

如有印装质量问题请与本社联系调换

中外名人的青少年时代丛书

编委会

学术指导	廖盖隆	姜思毅	赵宝煦	王瑞璞
主　编	林　乾			
副主编	周知民	王国君	王　林	田　泉
编　委	王丽娟	王增宁	句　华	张守龙
	陈瑞玲	林秋朔	郑　毅	缪晓敏

编　著

于奉春	马　建	王巧兰	王立君	王　林
王　伟	王连敏	王　虹	王国君	王丽娟
王建勋	包亚茹	尹成君	孔朝蓬	厉永平
丛瑞华	冯　吉	冯志才	朱显武	刘万民
刘万毅	刘　凡	刘建华	刘金洲	刘研君
乔　伟	孙维义	江继海	杨立军	邱立之
李　平	李　利	李宏升	杜海燕	芮　帅
吴亚文	陈秋颖	范　敏	张白羽	罗洪启
张春和	知民平	张守龙	张明帅	姜维东
徐景芬	娄晶力	郑　毅	祝东平	高亚军
唐　赞	周秋杰	袁学哲	赵琳琳	郭蕴兰
常　青	桑雯靖	翁有利	郭向宁	程赫坚
程建华	阎　雪	董　蔡	寇　鹏	潘宝泉
薛柏成			翟迎春	

编者的话

　　时光在流逝，生命在燃烧。当我同理想和希冀相伴的青少年时代依依惜别，即将步入厚重的中年时，一种"人生几何"的感喟时常萦绕于怀。遥忆往昔贫寒的童真岁月，仍愿咀嚼那涩涩的酸楚中播撒出的永生不灭的希望之火。

　　幼年的时候，家乡总共不过百种物品的"百货店"里，竟有一个柜台是专门售书的。在这里，我发现了牛顿，知道了高尔基，认识了列宁，记住了鲁迅。记得那是小学三年级的事。一天放学回来，一位女同学悄悄地对我说："供销社来了一本好书，去看看！"我们一同跑到柜台前，一看是《闪闪的红星》，价格是3角5分钱，这在当时是7个鸡蛋的价钱。我一连三天，每天放学都要去看一看那本书，很怕被别人买走。第四天，我终于鼓足勇气，对母亲说明了缘由。我怯生生地站在母亲面前，好长时间母亲没有说话，母亲那慈爱的目光一直留在我的脑海里。我拿着3角5分钱，终于如愿买回了那本书。"那一年，我7岁，听大人们说，闹革命了……"一晃，20多年过去了，当我面对苍老的母亲时，仍会清晰地记得买书的情景和书中的故事。

今天，当我踏上生于斯、长于斯又阔别多年的故土时，先要找回的还是少年的梦。还是那个位置，还是那个供销社，房屋早已翻盖一新，店主当然不再是戴着近视眼镜、眼睛一眨一眨的老师傅。除"大件"外，几乎和城里的物品一样丰富，应有尽有。可柜台里再也找不到一本书。当我看到读初一的侄子和读小学五年级的侄女的书架上，课外书几乎都是机器猫、卡通之类时，喉咙里似乎有什么东西难以下咽，心里沉甸甸的。时代不同了，教育的内容、目标和对象都在发生变化，社会改革和财富增长无疑是一个时代的进步，我没有恋旧癖，更无意美饰贫乏的年代。但当怀念起童年少年时代那种难以忘怀的景象时，内心深处总觉得我们这个社会在走向富裕的路途中还应弥补一些遗憾——强健精神的遗憾。

人无法超越生命的自然极限，但可以超越生命本身。人类正是通过他们的创造将自己的文明史推向前进。当我驻足在色彩斑斓的历史画卷前，分明感受到伟大人物的人格力量和生命的另一种延续。……毫无差错却被外公毒打；不是为了几枚铜板而是为了证明自己的勇气在棺木上睡觉；为了生生不灭的理想在阴暗的面包房里读书：这一幕幕情景仿佛伏尔加河畔不屈的少年高尔基就站在我的面前，与苦难的命运抗争。出身贵族家庭却自幼身残的拜伦，在高贵与卑贱的矛盾中让内心的苦楚升发出一种倔强、刚毅和力量。苦难的确是人生的最好教科书。当他们用心灵慢慢消受种种不幸时，也在创造一种辉煌和永恒。"青年如初春，如朝日，如百卉之萌动，如利刃之新发于硎，人生最可宝贵之时期也。"每一次记起陈独秀《敬告青年》中的这几句话，都有一种催人奋发的鞭策力量。对于不再拥有生命自然时段上的青少年时期的我，真想让心灵再走一番青少年的路：热爱生命吧！因为生命是一次性"消费"；珍惜青春吧，让青春的亮点变成一片光明，普照以后的所有生命里程。

　　影响人类文明史的中外名人在他们有限的生命里，创造了辉煌和永恒。他们的许许多多成功在青少年时代就奠定了基础，他们在青少年时代就怀有救国救民、立志创业的信念，这种信念强烈地影响了他们的一生。名人成功以后的事迹为人们所熟知，但他们成功之前的历史却鲜为人知，这方面的材料也很缺乏。本书对名人的家世、家教、兴趣爱好以及对其一生有影响的人和事等着墨颇多，尤其探究了中外名人之所以成功的主客观因素，我们由衷地希望这番努力对成长中、探索中的青少年会有所裨益。

林　乾

目 录

维 纳

童年岁月 …………………………………… 003
彷徨校门内外 ……………………………… 020
中学生活 …………………………………… 040
选择大学 …………………………………… 060
从哈佛走向剑桥 …………………………… 078
英姿勃发乱世游 …………………………… 106
数学王国果盈枝 …………………………… 130

布洛格

大自然的儿子 ……………………………… 143
暴风雪中的小学生 ………………………… 155
迷上了麦田 ………………………………… 168
祖父的希望 ………………………………… 180

闻到了泥土的芳香 …………………………… 193
明白了知识的重要 …………………………… 205
面对麦田的畅想 ……………………………… 221
立志学农 ……………………………………… 232
历尽艰辛的大学生 …………………………… 242
卓越的贡献 …………………………………… 261

一个天才的儿童，如果在精神力量方面不能与其天才相称，就必须取得巨大的成功，做不到的话，他就很可能认为自己是个失败者，而实际上也是个失败者。

——维 纳

童年岁月

1894年11月26日，在美国哥伦比亚城密苏里大学的一间教员公寓里，诺伯特·维纳降生了。这个地方也是他父亲工作的地方。

孩子的出生，给这个几近冷清的年轻家庭带来了几许忙乱，当然更多的还是快慰和热闹。因为，自从伯莎·卡思和利奥·维纳结婚以后，伯莎的父母对维纳的不拘礼节和天真"蛮干"渐渐不满，而伯莎却被丈夫的坦率、真挚和热情深深地吸引。随着事态的发展，婚后不久，她就毅然和家庭分裂，几乎断绝往来，只和丈夫在大学公寓里过着忙碌而又略显孤寂的生活。

三口之家愉快地打发着日子，维纳有时也把手头的工作放一放，逗逗心爱的宝贝，和爱妻说些闲话，憧憬着光明而美好的未来。可是，好景不长，不愉快的事情接踵而来。

当时，密苏里城的一位很有权威的政客，他的一位亲戚看中了利奥·维纳的位置。当时他正教德语和法语，而且声誉颇高。政客想了个进攻的方法，在新学期开始时，学校通知利奥，德语系和法语系要分设领导管理，让他选择，利奥选择了德语系，凑巧，政客的那位亲戚也选中了德语，结果，他被解职了。这件极不合理的事，不但没让年轻的一家之主利奥手足无措或一蹶不振，相反，他却愈挫愈奋，毅然决定到更大的城市波士顿去闯天下，找工作。幸运的是，他引起了名盛一时的《苏格兰民谣》的编辑弗朗西斯·蔡德尔教授的赏识，让他在编辑部中做一份工作，不久，他又帮助利奥找到了波士顿大学和新英格兰音乐学院的教职，最后，帮他进了哈佛大学。

不幸有时可以改变人的生活轨迹，走入另一个世界。多年以后，诺伯特·维纳提起这段往事的时候，心中颇有感慨。一方面，他深深地感激着大恩人蔡德尔教授；另一方面，他对父亲的果敢决绝的冒险行为表示由衷的赞服。这个经历，恐怕利奥早就向儿子讲过了，小维纳也已经激动多次了吧。

诺伯特·维纳生命中的第一次记忆，就是从波士顿开始的。

在两岁那年，他们家住在伦纳德街的一座两层楼的公寓里。他竟然记得，那直接通到他们住所的楼梯，看起来像是高不可攀。他还记得,那时有个保姆,带他到一家很小的店铺买过东西,买什么倒是记不清了,可他记得所到地方的街道和建筑和自己的住所不同。维纳这样回忆道:

> 那个地区的街道交叉混乱,我还清楚地记得我们去的那家杂货铺门前的那几条交叉街道所构成的锐角。

维纳的家附近有一所专治不治之症的医院。当时的小维纳还不能理解"不治之症"的含义,他却还是把这所医院记住了,那是因为"我母亲和我们保姆在提到这个地方时所使用的那种音调,已足以使我充满忧郁和不祥的预感"。而且,如果按弗洛伊德的说法,维纳一生对死亡的恐惧感,也不能说与此无关。

1897年夏天,维纳一家搬到新罕布尔什州贾弗雷的一家旅馆度暑假。在旅馆附近有个池塘,保姆常抱着小维纳随他的父母到池塘边去玩。

一来到这水草丰茂的自然中,维纳稚嫩的目光在四处观察着:一些划艇静静地停在岸边,偶然有几只在塘中轻轻摇曳,如镜的塘水倒映着近处的绿草和不远处的青山。

不知什么时候，父母已经登上了塘对岸山上的小路。小维纳蹦蹦跳跳地在池塘边玩着、看着、感受着。

自然是博大而深沉的，她同样能造就热爱她的人。维纳对自然的挚爱，和自然对他的丰厚回报就是这样。

他简直对这方池塘着了迷，一有可能就要求保姆领他去那里玩。父母常去那里登山散步，却从来不带他上山。偶然一次，父母带他越过小山，到山下的一个村庄去。那有个铁匠铺，铁匠师傅正在给马挂掌。这时，那匹马奋力挣扎着，铁匠不小心，脚趾被马蹄踩裂了。维纳虽然没看到，但听父亲一说，马上吓得钻进母亲怀里，简直要流出泪来。他害怕死，也害怕受伤，这类事情，往往对小孩子的心理影响最大。

新学期开始了，维纳一家又搬回坎布里奇市，这回没住伦纳德街，而是在希利亚德大街租房住。这次搬家，对当时的情况，如运东西的场面，维纳已经有了更多的记忆。并且从此以后，他的记忆更丰富，也更清晰了。

有一件事，维纳怎样搜寻记忆的底片，也没有太清楚的印象了。听父母说，在他3岁左右的时候，那时候他们住在希利亚德大街，家里有个法籍女仆，叫约瑟芬，曾经教他学过法语。维纳不但没从她那儿学到法语，而且连她这个人也丝毫没有印象了。后来，他终于回忆出：她教他时所用的课本上，有刀、叉和餐巾的彩绘图画，这些具体的镜头还印在记忆里；也是在这同时，带他到离家不远处散步的也一定是约瑟芬，因为他在感觉中深深地留有那拉特尔街的阴森可怖的树林的影子，当时令他很害怕；那条路边的拐角处，还有一幢破旧的房子，其中的一扇窗户被堵死，他感觉那好像瞎子的眼睛，让他在童年的岁月中不时想起，还特别感到难受和害怕。

　　离维纳家不远处，有一条铺着白漆鹅卵石的街道。有一天，他独自到那里玩，有时跑几步，有时静静地看着过往的车辆和行人，有时又蹲下身。这时，他看见路边一块浑圆的石头，觉得特别好玩，他就从路边的浅沟里找了块大石头，想把这块心爱的石头敲下来。刚打了几下，一个大人从背后走过来，站住，看着他。维纳一回头，看见一个不认识的"老人"站在身后，严肃地看着自己："小孩子不要淘气啊，这路是大家的，你怎么能随便破坏呢？你爸爸是谁，这样的孩子要好好管教哇……"维纳呆呆地怔在那里害怕极了，也惭愧极了。多年以后，想起这件让他极度难堪的往事，除了觉得有些不平以外，还有种模糊的恐惧感和负罪感残存在心中。

还有一次，他到邻居家去和两个大些的伙伴玩。因为他们两人常保护维纳不受别人欺负，所以他对他们很友好，也很尊敬。第一次去他们家，大家边说边走着，进屋第一眼就看见，正对着门的显眼位置有尊塑像，一个人被野蛮地钉在十字架上，身上伤痕累累，头戴荆棘做成的帽子，脸部表情极度痛苦。维纳立即被这景象惊呆了，他几乎要喊出来，更想大哭一场，这太残酷凶狠，太不公平了！虽然当时他并不知道被钉者是基督耶稣，更不知道那些故事。在他们家，他还看到了一棵名叫"流浪的犹太人"的盆栽植物，大朋友给他讲了那些故事，他不能和自己联系起来，也听不懂故事的含义，但他还是从中感到了极度的难过。即使在老年时他还对这几十年前的琐事记忆犹新。

维纳就这样一方面在自然状态下接受着外在的影响，同时，又在父母的有意安排中受到智慧的启迪。

终其一生，父亲对维纳的影响和作用是巨大的。维纳的母亲在这期间也发挥着重要的作用。而且，维纳对亲人的真正回忆是以母亲为第一印象的。

他们住所的前院有个小花园，园中绿草掩映，母亲常领他到那里散步，她手里常拿着本书。一有可能，她就兴致勃勃地地给小儿子讲里面的故事，最常讲的是吉卜林

《森林之书》中的精彩片断，有时她还让儿子随她一起朗读。小维纳陶醉在那动听的故事和母亲优美的音调之中，那是一种如沐浴温暖阳光般的享受。

母亲还特别喜欢唱歌，花园中玩累了，或者念故事的兴头过去了，她就给儿子唱歌。小维纳因此还形成了一个习惯，他要睡觉时，只有听到母亲的歌声，才能酣然甜美地入睡。母亲那时经常唱的歌曲是《天皇》，这首歌的唱腔时时萦绕在维纳对母亲的早期回忆中。他那既严肃又温和的父亲，偶然也加入进来，但他喜欢的是俄国革命歌曲，它们反而不能让他入睡，但他也得乖乖地躺在那里。

母亲给他读《森林之书》的时候，维纳3岁半左右，那时他已经能较顺利地独立看书了。他具体是怎样学会认字和看书的，连他自己也弄不太清楚。常有的情况是，他常坐在父亲写字台前能容膝的地方，听他父亲和朋友们谈论时局和某些问题，渐渐地他懂得了许多学术界的情况。他一有什么想法，就在大庭广众中提出来，大家哄然一笑，给他一个满意的答案，他有时还反驳几句。平时读书的时候，有什么字不会的，或者有哪些问题不懂，当问到可怕的父亲时，他还是温和地答复了。

维纳的父亲，作为一个大学教授，却没轻视一个3岁小孩提出的问题，这是值得庆幸的。因为他明白：小孩的问题并非无稽之谈。

小维纳从小就对读书有浓厚的兴趣，因为他在其中享受了少有的乐趣。母亲给他讲了好些故事，听时很高兴，过后又总是觉得不过瘾，就把那书拿出来自己看。他觉得看书的乐趣比听故事更强烈也更扎实。

没事时，他还小心翼翼地翻读父亲的藏书。父亲的书特别多，种类也多，有的书他看不懂，就借助书中的图画去充分地发挥想象，在这幻想的驰骋中，领会到更大的乐趣。在父亲的书中，他最喜欢科普一类，而且他努力把它们看懂。父亲从来不约束他非得看什么书，或者不要看什么，只是任着他的兴趣来，在此基础上提供更大的帮助。

那时，维纳的父亲有个叫霍尔的老朋友，是个律师，可他一只眼睛瞎，一个耳朵聋，过着近乎与世隔绝的生活。维纳3岁生日那天，他送来一本旧书——伍德《博物史》中的"哺乳动物"分册——作礼物，那本书很破旧，父母不慎把它丢失了，为了免得霍尔以后提起来不高兴，就又买了一本来代替。这本书的经历特别引起了维纳的兴趣，加之书中动物学知识和现象的吸引，他很费力地翻读着。书中的图片还是深深地吸引了他。同时，礼物中还有一本不知谁送的初级科学读物,书中谈到了神秘的天体系统、有趣的行星系和新奇的光的性质等,他尽情地感受着、阅读着。

与此同时,他还尽情地读着李太太的著作。这位李太太是父亲的一位朋友的妻子,她是一家儿童读物的作者和插图家。因为对她本人的熟悉,读起来越发感到亲近和温暖。

由此可见,书作为礼物,对于孩子的价值不只是礼物。因为赠与人比较熟悉,或者因为这本书对于孩子的特殊性——如李太太的作者身份对于小维纳,这些都常常引起孩子的好奇心、神秘感和亲切感,从此阅读兴趣大增,而且还能培养孩子尊敬他人、爱护图书的良好品行。

一般情况下,我们给孩子的礼物都重实惠,或者金钱,或者衣物,而孩子面对这些钱或者钱的代替物,将激发起一种怎样的心理倾向呢?那激发的将是钱本位、物欲第一、自私自利等极坏的心理。而作为礼物的书,却可以因其特殊情况,给孩子的生命中带来一份惊喜、几分营养!

维纳的父亲更深谙教育孩子的要义。1898年夏天,他到欧洲旅行。长时间旅行在外,思家之心常用信件往来传递。每给妻子寄信,总不忘给小儿子写上几句。小维纳读了这些信,那种感觉真是新奇强烈而美好的。他深切地体会，这就是温暖绵长的父爱啊！而让维纳最高兴的，还是父亲单独给他的明信片，除了殷殷嘱咐以外，上面常写着自己的观感，介绍许多欧洲风物。这让小维纳眼界顿开，从此知道了有那么个广大、优美、新奇的地方叫欧洲。对许多知识，他更感兴趣，也正是从此以后，他开始大量翻阅一些动物学书籍和杂志，对博物学兴趣更浓了。

维纳后来回忆，他这时正读的《爱丽斯漫游奇境记》，并没能对它有深入体会，而是过了几年以后，他才能领略到作家路易斯·卡罗尔的幽默风格。其实，某些书，孩子只要有兴趣读，有的地方可能读不懂，这时，我们也没必要约束他。兴趣是宝贵的，让他从兴趣中寻找兴趣就是了。

维纳喜欢到自然界中去玩，他热衷有兴趣地读书，当然他更爱玩——玩具。

从他本人的回忆中我们得知，维纳当年的玩具是很多的，他的家庭在买玩具上可以说是舍得投入。请看他的回忆：

　　（那时）有一样玩具我记得非常清楚，那是一只用绳牵着玩的小兵舰模型。当时正处在美西战争时期，玩具军舰在少年中极为流行。到现在我还能想起，在无畏战舰出现以前的一段过渡时期，那玩具战舰上白色的油漆和笔直的桅杆，以及由副炮组形成的小甲板炮塔，而只有少数炮塔装有较大口径的主炮。

可以说，小维纳的玩具是复杂的，而不只是一些简单的布娃娃、会叫的小狗、上发条以后能跳的大公鸡等。维纳的父母清楚，玩具对孩子的作用是巨大的。一方面，它适应孩子爱玩好动的天性，让他亲自动手动脚，尽情地玩起来；另一方面，玩具让孩子做的不是为了玩而玩，不是一个机械保姆，而是让作为科技结晶的玩具，引发娃娃的好奇心，培养对新奇事物的兴趣，让他边玩边想，在玩的松散自由的愉快中得到智力上的开发。可以说维纳父母的想法特别正确。

一年以后，小维纳随家人到外地旅游，坐在真正的火车上极目远望，听着火车有节奏的咔嚓声，他幼小的心里既紧张兴奋，又幸福快乐，因为他觉得自己仿佛一下子长大了，而且深深地爱上了铁道技术，大有来日献身于此的味道。这次坐火车的经历，之所以能让他产生这么强烈的感受，是因为他有一列功能比较齐备、外形极其逼真的玩具小火车，他熟悉它，喜爱它。

维纳的兴趣越来越广泛，好奇心也越来越强。1898年春天，他的妹妹康斯坦斯出生了。对这个妹妹，他似乎很不欢迎，据说当时他很不高兴。可是，让他最感兴趣和神秘的，是妹妹的哭声、尿布和奶瓶。他想不明白妹妹是怎么来的，却又对她的到来充满探究的欲望。

因为母亲要照顾妹妹，父亲又特别忙，所以，1899年维纳的父亲从欧洲旅行回来以后，就决定让他进幼儿园，同时也是为了让他接受一些正规儿童教育，也有利于他和同龄人增进沟通和了解。维纳被送进了距住所希利亚德大街不远的康科特大街哈佛天文台对面的一所幼儿园。这时他刚满4岁。

小维纳很愿意去幼儿园，因为那里有众多的小朋友们，他们一同玩各式各样有趣的游戏，他们各自讲述着、倾听着丰富多彩、饶有兴趣的故事。对于他，这无疑又是一次心胸和眼界的开阔——原来世上有这么多人！原来还有别的人家，那么多有趣的东西和故事！

人的成长是迅疾而微妙的，儿童尤其这样。有谁会想到，小维纳这刚满4岁的孩子，此刻就会萌发恋爱的心理呢？老年的维纳这样简短地回忆："在那里（幼儿园）我遇到了我的第一个心上人——一个可爱的小女孩。我被她的嗓音深深地迷住了，有她在旁边就觉得高兴。"

1899年暑假，维纳一家4口人又移居到新罕布什尔州的亚历山德里亚。这年的寒假，他们又移居到坎布里奇的牛津街的半幢供两户住的房子里。

从维纳家的生活经历中，我们会发现一种很明显的现象，即经常移居。有时一年一移，有时竟一年两迁。他们是犹太之家，而犹太人在世界各地的状态是：离家在外闯世界，处处无家又四海为家。

我们现在已经无法考察，当年利奥·维纳频繁搬家的因素之中，是否包含了对孩子们的教育问题。但是，即使老维纳没想到这一层，如果他总结儿子的成长经历，也会发现这"无意"中搬家的良好效果。他的儿子也确实从中享受到了不尽的乐趣。

小维纳对新事物怀有不尽的好奇心，每到一个新地方，他都积极主张四处转转，对前所未见的事情，真情地认知和感受着；对新地方的人们及风俗，他兴趣也很浓，很快就和小伙伴们熟悉了，比如，距离搬出亚历山德里亚34年的1933年，他第一次重游这块故土时，那颗年近四十的心，对当年4岁曾感觉认识的事物仍记忆犹新：布里斯托尔的内战纪念碑，乡村广场上的老式迫击炮，那古老的公寓，翠绿的纽芬湖，过去玩伴家住过的房子……一切都是这样的清晰可辨，一切都是这样的稔熟和深情。

今天做父母的人，不可能也没有必要，单单为了孩子时时搬家，但有一点是肯定的：要让他们更多地了解和感觉新事物，多给他们创造走出习惯和平常环境的机会，以便增强他们的适应能力和认知能力，拓展他们的思维，让他们拥有开放的视野和博大的胸襟。

新世纪的钟声敲响了，历史以其雄伟豪迈的气魄进入了 20 世纪。这一年，维纳 5 岁。他此后的生命，正是在这新世纪的曙光中从从容容又热热烈烈地成长起来的。多年以后，回首来路之时，他充满深情地总结道：

> 我们都已成长并进入这样一个时代，一个也许是没落衰退的时代，但同时也是一个具有许多新的开端的时代，在这些新的开端中，科学家、甚至数学家都作出了很大贡献。我是这个新时代开端的目击者、参与者。

5 岁的维纳，还是个地地道道的孩子，虽然他的阅历已经不少。同许多人的感觉一样，世纪之交的那段时间，仿佛常有某些特异因素存在，冥冥之中，要摧毁着什么，或者要重建着什么。当时维纳没有什么太大感觉，却碰到了一件对生命有较大影响的事。

偶然间，收到《圣尼古拉斯杂志》寄来的两本杂志做生日礼物。因为这礼物的特殊性质——是专对自己的东西，又是一个世纪末的最后产物，他充满兴趣地读了。杂志办得果然不错。书中的思想尤其让小维纳感到可信和亲切。杂志认为：儿童尽管年龄不大，基本上也是个开化了的个人，因而他们对于枯燥的文章是不屑一顾的。

把儿童当成个"开化的人"来看待，小维纳为这样的主张激动。他好像一下子成熟了许多，仿佛自己是大人了。虽然他没少看书，但对自己的情况几乎没想过。正是这个杂志，让他对自己产生了第一次思想和心灵的震惊——他开始想一些问题了，而不是像以前那样，一味地观察和感受。

1900年春天，父亲利奥·维纳在福克斯博罗买了一座农场，他们称做"梓树农场"。这是因为，他父亲干过农活，并一直为此骄傲，也一直想拥有一块自己的土地。同时，他从心理上希望改变犹太人漂泊不定的生活习惯，过稳定丰足的生活。

不管父亲怎么想，小维纳却从这农场里得到了很多。因为是自己家的地盘和庄稼，他可以随便去玩儿，有时帮父亲拔草浇水，有时从父亲那里学到庄稼的有关知识。自己的土地，这一概念也让他心中感觉厚重和踏实。他还和邻近农场的几个小孩儿交上了朋友，他们一起玩耍。这一切，使他对农村有了进一步的感受和认识。

父亲觉得儿子渐渐大了，常领他出去散步，或者到野外去采蘑菇。采蘑菇是利奥的嗜好，他常乐此不疲。因为他既可以因之体味到劳动的乐趣，又可以放松一下紧张思考着的大脑。小维纳也很愿意跟父亲到野外去玩。

夏天，祖母和表姐奥尔加从纽约来探亲。奥尔加那年9岁，是姑母夏洛特的女儿，她父亲出走以后，一直和母亲过着孤苦的生活。

她是个很厉害的小姑娘，经常教导维纳，还不停地和他争吵。

有一次，他们俩在梓树农场玩，在紫丁香树下，发现了一巢鸟蛋。因为维纳碰了它们，奥尔加就向他大喊，说因为鸟蛋被他碰了，母鸟就不会再来孵蛋了；假设孵出来了，孵出的小鸟也会活活地被饿死。5岁的维纳立刻惊呆了,陷进深深的恐惧之中。此后,他常常为这件事苦恼。

又一次,她和维纳大吵起来,怎么也说服不了他。奥尔加顿时静下来,维纳也停止辩论。这时,只听小女孩深沉地宣布:"上帝无所不知,上帝会赞成我的行为,再不服,上帝要惩罚你!"

维纳把头一扬,断然宣称:"我不信上帝!"之后他静静地看着天,等待事情的发生,可上帝并没用天雷把他击死。

他在与大自然的接触中尝到了冒险和坚强的滋味,一股股暖流洋溢在他幸福的身体里。

访惶校门内外

父亲利奥·维纳觉得儿子长大了，有必要把他送进学校进行和年龄相适应的正规学习和生活。他和妻子商量又商量，他求朋友找学校，跑了一个地方又一个地方，很难得到满意的答复。因为这孩子太小——还不满6岁，这不符合学校的招生条件。好不容易，勉强进一个乡村小学旁听。但很快就转入另一所乡下小学。这里的条件也十分简陋，各种年龄段的孩子闹哄哄地挤在一个班里学习，老师也只有一位。不但谈不上教学质量，而且，学生们的日常行为毫无约束，有的学生逃课，整天到校舍外不远处的那个大池塘里去溜冰玩。

父亲觉得这样的环境实在不适于儿子的长进，就又让他在家"自学"。也正是从此以后，他开始有意识地向儿子传授知识，并尽可能地丰富他的见闻，激发他的兴趣。

虽然父亲认为那个学校不怎么样，但是在小维纳的心目中，那儿要比家里新鲜、热闹，同时，也更比在家多了一分自由。尤其到了这1901年的春天，父亲常提醒他：你已经6岁了，不再是小孩子。他也明显地感觉到，父亲在悄悄地给自己施加一些压力，他比以前对自己更严肃了，尤其在看书上，也表现在对一些问题的观点上。

对于父亲的改变，有时候他感到很不适应。他又从心底慑于父亲的威严和权威，不敢甚至连想都没想抗议。对此，他是从另一个角度来逃避不愉快的——以自己良好的记忆力和理解力，完美地回答父亲的问题。在这同时，还有另外一件事情让他兴奋和愉快：他们全家要在今年夏天，到遥远的欧洲去旅行！

对这次几个月以后的旅行，维纳的兴奋是强烈的。他把两年前父亲旅行欧洲时寄给他的明信片，统统找出来细细地玩弄，他想象中的欧洲是那样美好而生动，这一段时间他常做梦，他相信，梦中那蔚蓝的天空、无际的原野、清亮的溪水和那远处数也数不尽的高楼大厦，正是欧洲！有时候，他按捺不住心中的激动，就按照自己的想法，把欧洲的样子讲给他的小妹妹听，看到妹妹乐呵呵的高兴样，他越发神往欧洲了。母亲也时不时地从城里买回各式各样的玩具，以及其他一些旅行用品。小维纳具有丰富的想象力，马上就弄明白了一些物件的使用方法，他几乎能感觉到，在那漫长的旅程中，使用这些东西的舒服的感受。对于母亲为他们精挑细选的玩具,他不忍心马上就玩,他想把玩它们的愉快,放在有趣的旅行中。

时间过得真慢,小维纳等了又等,才挨到了春末。旅行终于要开始了。他又从父母那里得知,他们的第一站是纽约。

当时,纽约住着维纳家的亲戚。有小维纳的祖母,上文已经提到过。还有他的叔叔杰克,三个姑妈:奥尔加的母亲夏洛特,奥古斯坦和阿德尔。一大家人住在拥挤的老式公寓里,让初见"城市"风光的小维纳十分难以理解。他静静地观察着这"稀罕"的一切。

在这一大家中,祖母是辈分和年龄最大的权威人物。她的心中,还保存着犹太人生活的许多习惯和礼节。他们一到纽约,祖母就积极联络,主张这个新来的4口之家马上去走访亲友。而且,这种走访是极讲究的,范围也极其广泛,甚至对第三代、第四代的堂表亲都要热情地去探视。小维纳除了感觉到累以外,觉得这件事很神秘,也很亲切。他蓦然间感觉到人间有这样一种令人激动的感情存在。

但从他母亲的表现上看,又让他难以理解。他真有些迷惑了,更感到无所适从。因为,母亲家已搬到美国很长时间，起码比父亲家要早上一代人那么久，所以，在生活习惯上，犹太人的那种亲情观念相对淡漠了。加之和利奥结婚以后，与娘家人联系较少，因此，对老婆婆的这些讲究有些想不通。白天她和丈夫一道走亲串朋友，一到了晚上，或者没有外人的时候，她就表现出一种不满。而对这种不满的表达方式又是不直接的。比如提到这边的亲戚时，她会说："人家是纽约人吗！"常把"纽约"两个字念成一种变调，这时父亲就知道母亲是什么意思了，他尴尬地一笑，也不言语。母亲通过这种"艺术"的形式，达到了挖苦的目的。并且，她这样做的时候，常有意背着孩子。刚开始时，维纳不明白母亲是什么意思，很快他就明白了那"纽约"的含义，心里也有些像母亲那样，要轻视些什么。

　　一次，他和小妹妹在屋里玩，父母走访了一天在床上休息。这时，他逼真地模仿母亲的语调，用手指点着妹妹的额头，"纽约"了一声。没想到，母亲气愤地坐起来，严肃地制止他。小维纳真的惊呆了，他没感到这有什么严重之处，为什么母亲生气了呢？她不正是向父亲那样说的吗？母亲很少生气啊！多少年以后，他才明白母亲的心理，为此，他特别佩服他母亲的教子之道啊！

孩子有最强的模仿能力，所以，父母的形象对他们的影响是特别大的，如果稍一不注意，就会因为这形象的误导，而给他们的心理带来阴影，如自私、傲慢、野蛮等等，甚至影响他们今后的性格。父母的使命是神圣的，任务也确实是艰巨的。

纽约在当时的美国已经是大城市，而小维纳一家以前大部分时间住在小城镇，有时还住在乡村。他对乡村的情况比较熟悉，而城市的许多东西对他来说是新奇而陌生的。他在这里常和奥尔加表姐外出游玩，学会了把别针放在电车轨道上，让电车把它轧成"小刀"的游戏，还学会了玩小纸牌，以及用小纸牌搭房子等游戏。奥尔加还常领他去参观和研究大街上的电车，也常随妈妈到商店去买东西。总之，这城市对他来说是新鲜的，他也就用更大的兴趣和热情去观察它、认识它、领会它。小维纳的父母有意地这样做，用新鲜的事物去激发小儿子的想象，让各式各种的世间万象去充实他的头脑。

父母不断地购进更多的东西，准备着即将开始的真正旅行。在这些准备中，父母花销最多的、也当然让维纳兄妹最感兴趣的，是那一套高级精美的科学实验玩具：电学游戏玩具、磁性游戏玩具、肥皂泡游戏玩具等等。

真的航行开始了，一家4口人坐上了美国到荷兰一线的海轮。叔叔杰克和姑母们都来给他们送行，还有奥尔加，小维纳看着渐渐远去的亲人，眼睛湿润了。在他幼稚童真的心灵中，充满了亲情的温暖和离别的思愁。

维纳一家坐的是二等舱。对于全家旅行的游客来说，坐一等舱花费太大，二等舱相对来说，既实惠又体面。

把位置找好以后，为了让小维纳熟悉情况，父亲领着他熟悉船上的情况。来到三等舱时，他既惊讶，又疑惑，只见这个船舱内，许多人密密地挤在一起，里面既黑暗又嘈杂，发出难闻的气味，人们的衣着也十分粗陋，那里的小孩子们，既肮脏又野蛮。他呆呆地看着，却怎么也不明白——这些人为什么不到上面去呢？那里既干净又明亮，而且，那里还有许多空闲着的床位啊！

父亲给他解释了一番以后，他还是不明白。但是，他心中充满了不平和愤恨，他生气那些人为什么那么胆小，为什么不敢到好地方去好好坐船。

小孩子的情绪波动是迅速的，当父亲领他到甲板上，放目远望明媚阳光之下的碧海蓝天时，他那小小的心灵世界无限亮丽。

以前小维纳见到的多是遮目的高楼和起伏的群山，虽然这些楼和山本来并不大,在小维纳的眼里,它们都气势恢宏不可攀登。而此刻,放目远望那辽远的、一望无际的海洋时,他震惊了,也迷惑了,原来天底下还有这样大的地方,再远望,自己的心情和幻想陷入一种美丽神圣的境地中。

雪白晶莹的浪花,从那遥远的地方一浪一浪滚来、绽开;那顽强的小鸟,在勇敢地与它们搏斗着、抢夺着什么;太阳那明亮的光辉,撒满这浩瀚无边的大海,并且还神气活现地玩耍着。他感觉身体只是一个漂移的小东西,而且越来越小,越来越融入浪花的飞溅之中。他自由了,仿佛自己刹那间也变成了浪尖上那顽强的小鸟,欢快地歌唱着、拼搏着、飞舞着、眺望着,把一切的一切都溶入这充满想象的愉快和行动里。

这时,他听到父亲催他快走的喊声,才清醒过来,记起原来还有父亲在身边。没走几步,他又不知不觉地停住了。他想起一个问题:写书的人怎么只写了一些地面儿上的东西呢,有关海洋的书,以前也看了不少哇,好像他们眼中的海只是零散的、呆板的一个"大物",原来是这个样子,啊,这样的!随后,他从船边的大缝俯视下面的海水:匆匆地奔涌着,有多深呢?好绿的颜色啊!这时,他似乎有一丝恐惧，如果船坏了怎么办呢？那大浪好大啊！死亡的滋味渗透进他的心里，他马上跟住父亲，抓住他的手。

他抬头再次远望时，这种阴沉的感觉立刻无影无踪了，他不像第一眼远望那样惊讶，而是在这不可想象的惊讶中，伴随着强烈的喜悦和欢快。无意中他尽力随着海浪的节奏、船上马达的隆隆的节奏，一起运动和喃喃不休，心里充满着爱和激动。他从来没被什么东西这样牵制过，也几乎从没有过这种又有牵连又极度自由的感觉。他只想一个动作，那就是——飞，不得已，用蹦蹦跳跳代替了。

回到船舱，他马上想把见到的一切说给他的妹妹和母亲，见他这样，连身边的父亲都忍不住笑了。他要拉妹妹到外边去亲自看看，因为船刚启动，人员来往杂乱，父母不许，他就独自偷偷地逃到外面去过瘾。

父母发现儿子好像变了一个人，异常地爱说爱动了。和船上同舱的小伙伴们无休无止地乱窜玩耍，无休止地吵闹争论。别的成年人常认为小孩子就是这样不懂规矩，而利奥夫妇却知道孩子怎么回事，他们暗自惊喜——自然原来有这么大的魔力，竟改变了一个无知孩童的心灵和个性！

就这样高兴地过了一天又一天。这期间让小维纳不自在和胆怯的是：父亲每每就船上通告、标语等，考他一些德语和荷兰语单词。其实，他没有正式学过这两种语言，只不过翻过父亲厚厚的德语字典，也经常听见他和母亲经常使用这种语言，但他常暗自高兴，父亲一定不知道自己会德语了，他也曾经萌生过把这件事告诉父亲，并让他考自己的念头，不过一直没敢，因为他多次看见，母亲那极流利的德语表达，在父亲眼里也不算什么。这几天，父亲主动问上门来，没想到自己这样一知半解，常哑口无言，看见父亲那略带轻蔑嘲笑的表情，小维纳心里又气，又不敢生气，只是感到重压的难耐和苦涩。同时，他心里暗暗不服，决心以后好好学习。

　　船上的生活使小维纳又从感觉上认识了一批人：二等舱游客。他们有修养，讲体面，又知道节俭。他感到人太多了，也有太多的不同，观察人的行止言谈真有意思。

　　他们陆上的第一站是荷兰名城鹿特丹，然后又径直去德国的科隆，住在他父亲的一位堂兄那里。

　　走在异乡的大街上，虽然有父母在身边，看着这陌生的地方和人家，小维纳还是感到了一阵阵孤独。街上匆匆的行人，他一个也不认识，他们往往还用一种异样的眼光打量他们。一户户人家门楼高耸紧闭，哪里都有威严和傲慢，把这一家他乡游客远远地拒之门外。人们用的语言，有的小维纳根本听不懂，这更让他又着急又紧张。小孩子幼稚的心里，仿佛隐藏着一种经受打击的感伤，并带着浓厚的流浪意味。维纳一家此行欧洲，也有让孩子们亲身体验一下人生诸种甘苦，见识世间百态的用意吧。

小维纳的这种孤独心理，等他们一家到奥地利首都维也纳时，感觉更加鲜明了。在这座庞大的文明城市里，他们举目无亲，一家人寄寓在旅馆里。也正是因为这在异地他乡的孤独感，维纳的心里才愈加感到家人的亲切和温暖。

在那昏暗的雨夜，父母亲自动手，在昏黄的酒精灯上为他和妹妹煮着香美的晚餐，他们俩倚在父母身边，饱享那份关怀和爱护；或者，他们一家人坐在饭店里，侍者以那怪异的语言问候他们，父母用谙熟的语调予以回答，维纳的心中仿佛因此有了依托和保障。他们彼此照顾着，孩童的心深感家仍在身边……

旅途漫漫，一家人充分领略着游人的独特滋味。小维纳的心亦喜亦忧，一切都是新奇的，也是真实的。等他们终于到达了英国伦敦的时候，旅程将尽，他和妹妹都不免想起久别的故乡来，想念是瑰丽而美好的，心中的景色因此而明亮；另外，在这段日子里，父亲领着他拜访了许多名人，这让他眼界大开，享受了少有的乐趣，甚至在以后漫长的日子里，他一直对他们念念不忘，这种经历对他产生很大影响。

犹太人伊斯雷尔·赞格威尔，是他们访问的一个主要对象。他能言善辩，积极热情地主张犹太复国主义。他敏捷的思维、不息的热情、慈祥的脸部表情，给小维纳留下了很深刻的印象。他也从大人们的表情中接触了一个难以理解的、似乎又极复杂的概念——犹太人。

访问的另一个重要人物是克鲁泡特金。这位俄国的无政府主义者，曾企图行刺他的沙皇堂兄。此时他正旅居英国。他的机敏、果断和天真，让小维纳十分敬佩。虽然当时他还不能完全了解克鲁泡特金是怎样一个人，但这不重要，他已经分明地感到，这位祖上的同乡的超凡气度和伟岸胸襟。

交游的闲暇，父亲还带领一家人参观当地名胜。议会大厦的宏伟庄严，让小维纳更迷惑于政治的含义；威斯敏斯特教堂，小维纳从这里进一步理解了历史的深远，并产生出一些幼稚的感慨；伦敦自然景物的温和怡人，让他心旷神怡。他们一家就这样沉浸在这座世界名城的喧嚣和深邃中。

最后一站是利物浦，小停之后匆匆返回美国。3个月的旅游生活结束了。小维纳的观感实在不少，这真正的学习，正是在这个开明家庭的组织下，才胜利完成的。也正是一般的学校所缺少的。

他们搬进坎布里奇市的阿冯大街的一套住房，开始了新的生活。

新学年一开始，父亲那固执的想法又抬起头来：应该把儿子送进正规学校接受锻炼。经过一番努力之后，邻近他们所住的皮博迪小学，并且从3年级学起。他常问一些稀奇古怪的问题，有的连老师也没听过，好在这位老师只把维纳当成不懂事的孩子，他的鲁莽无礼，老师并不太在意。不久，根据维纳的实际情况，校方又决定同意让这孩子进入4年级学习。

刚到一个新环境，这小孩子对一切可能不太熟悉，不过很快，他就会对周围的情况了如指掌，尤其所学的课程，都是他早就学过的，而且，有的科目引不起他丝毫的兴趣。他虽然也在"学"，其实很多时候在敷衍。

时刻细致耐心地观察着维纳的父母，发现这种情况不但不利于孩子学识的长进，相反，还会让他养成许多不良习惯，形成不利于孩童健康成长的心理。一旦认识到这些实情，他们马上作出决定：让孩子离开学校，由父亲承担起主要教育任务。核心教学内容是数学和语言。

既然学校进不成了，必须留在家里接受教育，父亲利奥·维纳感到了肩上负担的沉重。虽然所传授的知识内容对他来说完全不成问题，但落实到具体的时日，其间的细致和繁琐，还是使他不敢轻视。基于这样的考虑，他要拿出一个学者的工作、生活作风对待这个"大孩子"了。突出的表现就是严格求实。

父亲利奥具有非凡的语言学天才。他这时教给儿子的主要是德语和拉丁语。在父亲居高临下的威严中，儿子一点也不敢轻视所学的知识，可是，无论怎样小心，学者父亲还时不时地发现他发音的含混，或者书写的错误。在数学上，他要求儿子更加严格。开始时，他用温和的、谈心般的语气和孩子讨论，并适时地加以启发心智的引导。看见儿子能顺畅地领会知识的本质，他心里也充满了喜悦。但他很少表现，只是小维纳能隐隐地感觉到。出现错误之前，一切都风平浪静，一旦偶然间出现了错误，父亲的天空便马上乌云蔽日，仿佛儿子犯了什么不赦的大错，他会极度惊讶地大叫"什么"一声,之后狠狠地瞧着孩子。这时,小维纳就要提起精神,马上改正错误。但是更多的时候,父亲这一怒,让他思绪飞散,只知道是错了,根本不知道有什么错,甚至还会把正确的地方改错。此时,父亲大发雷霆,但绝不是疯狂吼叫,而是用学者的口吻,说一些嘲讽的尖刻话。小维纳便会因此情绪激动,心灵受到重重的伤害。不敢反驳,只有伤心地哭泣,一腔委屈无处发泄。母亲常过来解围,尽力为儿子辩护,有时也是无济于事。

多年以后,维纳这样回忆这段经历:

> 父亲的训斥对我所起的副作用是更为严重的。在饭桌上,在亲友们面前,我经常听到父亲反复地叙述我的一些幼稚可笑的行为,使我如坐针毡,受尽精神折磨。

显然,做父亲的,用这样强硬或贬损的措施教育子女,是不明智的。即便是像如维纳这样的不凡之人,所受的负面影响也极为严重,比如他在许多方面的依赖性就是明显的例证。

一般的情况下，这样的方法不但不会造就一个优秀的孩子，相反，会打击或毁灭他的健康成长的可能性。而这位诺伯特·维纳，为什么顶住了那么巨大的压力和创伤，按父亲的指向成长起来了呢？我们再看他对父亲的回忆：

父亲希望用强制谦虚的策略，来防止我们把自己看得太重，这种策略有时甚至是故意贬低。对于父亲，我是特别尊敬的，但又使我在内心中感到一定程度的抑制和愤懑。但父亲时时真挚诚实地表达着自己，甚至一切弱点，有时甚至父子地位颠倒，这种童心加深了我的爱。

尊敬是由于人格的威力，而不是对善意的尊敬。我不能否认，我对父亲的态度中也含有敌对的成分，但我始终认为父亲在智力方面有超人的才能，而且是正直无私、尊重真理。这就使我对许多经常出现的痛苦局面能忍受得住。

这样看来，父母对子女的教育，不应只是知识上的，更应该用自己无私、善良的自我形象去昭示孩子，让他们在自觉的学习和感染中，真正得到成长。

小维纳这一时期接受的家庭教育是严格的，但又不是死气沉沉的。课上的严父，课下又是他的好朋友。

父亲发现，上次游历欧洲时，领儿子一同拜访别人，很能开阔孩子的视野。所以，一有闲暇，他就领着儿子四处拜访学者朋友们。他们所住的阿冯大街，附近住着许多闻名当时的学者教授。

离他们家不远，住着博歇教授，他是一位有名的大数学家。小维纳从他和父亲谈话中，听到了许多深奥的问题，如果碰到他能懂的，他就偶尔插句话，说出自己的看法。这举动，常得到主人的夸奖。小维纳深深感到这种气氛的自由和美好；他们还常常拜访著名的生理化学家奥托·福林教授，维纳从那里接触到了很多新知识；遗传学家卡斯尔和生理学家沃尔特·坎农，也是父子常访问的对象，从他们那里获得的知识和启示，几乎使小维纳迷上了生理学的一些现象。

如果说拜访名人，还使维纳在各方面受到"规矩"的限制，那么，当他和父亲尽情地投身自然的时候，可以说是获得了真正的自由和解脱，他也从中领略到了父亲的深厚的爱心和博大精深的学识，这更增进了他对父亲的理解和尊敬。

春天的坎布里奇是美丽的。父子俩迎着和煦的阳光，踏着柔软的嫩草，漫游在初春的怀抱里。不远处，嗒嗒的马达声有节奏地响着，新翻泥土的清香迎面扑来，使人十分惬意。童心十足的父子俩，更为这生机勃勃的季节增添了一份景致。他们轻轻地走着、看着，用心灵体味着那分莫名的娇嫩和美好，偶尔有谁提个问题，另一个人在无意的回答中又引出其他话题。父亲采到了一株龙葵，儿子就兴味十足地跑去观看，他们小心翼翼地采挖着，神神秘秘、聚精会神地继续寻找着，渐渐地走向风景的深处，走进自然的幽远和深刻之中。

　　秋天，又是一个深受父子欢迎的季节。采摘各式各样的蘑菇是父亲利奥的最大嗜好。像获得一切新东西的惊喜一样，他正是在未知的寻找中满足着获得的欲望。儿子受父亲的影响很大，他们在飒爽的秋风里，踩着松脆的落叶，心爽神清地走着，找着，时时有惊喜满足着他们纯真、自由和愉快的心情。远处，农民们焚烧着金黄的落叶，缕缕诱人的清香在空气中弥漫过来，让人如痴如醉。秋天熟了，这气味不正是成熟的醇香吗！

　　大自然，让人在她的怀抱中休息，荡涤尘世间的芜杂；她更让人博大，容纳一切，明澈一切，孕育一切。

在亲近自然的同时，小维纳也处身下层人中间，认识和体味着他们的生活。他有许多小伙伴是农民的孩子。他们的真诚、纯朴和健康，对小维纳的影响很大。他们的某些优秀品质，甚至引发了他的崇敬之心。那时他们家有个女仆叫希尔德雷丝·马洛尼，她的聪明勤劳和善良，深深地影响着他。

当然，让孩子尽情玩乐的同时，父亲不会忘记借助一切机会增进对他的教育。他们给他订了趣味性、知识性十足的杂志《青年良友》，以便让他在玩乐的心境中增长见识；更不断地增多他的玩具，如扩音器、万花筒、显微镜等等。

与此同时，为了促进维纳的学习，父亲还给他请了个大学生海伦·罗伯逊小姐，做他的家庭教师。小维纳从她那里学习到许多课本以外的知识；青年人的思想状况，对社会的看法和希望，以及大学的生活等许多新鲜事。所以，在维纳很小的时候，就从父亲那里，也从这位大学生的口中，了解到大学的许多情况，开阔了他早期的求学视野。

小维纳就这样在父亲的设计中，学习着、吸纳着新知识。但是，他还有另一片自由的领空——自由阅读，涉猎群书。

他的阅读兴趣十分广泛，文学、史学、博物学、数学、语言学等等，几乎无所不读，无所不好。父亲也是位杂学家，这正适应了儿子的贪婪口味。

他几乎把父亲的所有藏书读遍了，有的书还一读再读，如狄更斯的小说，史蒂文森的作品，梅恩·里德的著作，常令他爱不释手；对父亲那些深奥枯涩的学术著作，他也兴味十足地啃读着；博物学家和探险家经历的描写，甚至令他神往；他又迷上了化学和物理学，还在父亲的支持下建了一个实验室。

他只知一味地读着、读着，沉浸在知识的海洋里，自由地漫游，贪婪地吮吸智慧的乳汁。钻进书里，他就忘记了一切，甚至不知道劳累。他小小的身体终于向他发出了警告——眼睛飞速近视。刚进入8岁，严重的眼疾已经无情地报复他了。他胖胖的身子，因为眼睛近视，日见其呆笨。父母看在眼里，急在心上。

医生诊断结果：马上用药，至少6个月内严禁看书，才有可能恢复。

虽然维纳眼前还有光明，但从父母的神情上，他意识到病情十分严重。听说6个月不许看书，他仿佛立刻悬浮在空中，无着无落。他感到憋闷，又十分伤心，几乎哭起来。

这时，父母给了他更多照顾，尤其父亲的态度明显转变。为了安慰他，父亲常找一些话题来讨论。后来，他干脆把代数、化学和几何题念给他听，之后让他口算。这样一来，维纳只得聚精会神地听父亲的问题，然后排除一切外在的和心理的负担，开动思维，得出结论。开始时他真很不适应，不但速度慢，而且常出现错误。

一天一天过去，几个月下来，父亲发现：儿子的思维速度和准确性明显增强，而且想象的空间得以扩展，口语表达也十分有条理。

真是因祸得福，精于家教的利奥·维纳，惊奇地发现了这段短暂时间"听书"的巨大效果。因此他深信，对孩子进行"听"的训练十分重要，它不但锻炼了孩童的思维和想象，而且强化了他的听力和表达，是孩童教育中不可或缺的方面。

漫长的6个月终于过去了，他又回到了那些久违了的书中间。再一次用书和先人交谈，他似乎感觉到自己成熟了许多。

中学生活

1903年秋天，维纳9岁，经过父母多次努力，进入艾尔中学学习。虽然环境改变了，他的心还时不时地为刚刚逝去的往事跳动。

他不会忘记一年前的那个圣诞节。

在他那纯真的想象中，圣诞老人是一位可亲可敬、公正善良、施惠于人的老者，是位不食人间烟火、至高无上的神仙。孩童的心理，对神仙并不感到神秘，而是感觉到那分少有的亲切、信任和依赖。所以，每一个圣诞节，长筒袜或圣诞树下，那些慈爱的长者给他们的新年礼物，就是这位老人家对他们各方面的综合评定：你的礼物好而且多，说明你表现得不错。他没得到什么礼物，说明他已经做了什么不好的事，那位老人用这种方法来批评和责备他。即使受到了"惩罚"，谁也不会想到去怪圣诞老人，因为他是最智慧、最公正的，所以只能责备自己。维纳对圣诞老人的看法正是这样的。

这一年的圣诞节，他无意中发现，原来圣诞树下和长筒袜里的圣诞礼物，分明是父母埋在那里或装进去的。他千思百虑不得其解，难道圣诞老人也骗人？不可能！父母骗人？就更不可能了！那究竟是怎么回事呢？

他去问父母亲，他把他的所见告诉了他们。父亲先是一怔，不想把事情真相告诉儿子；又发现事情瞒不住了，更因为他想到，这孩子已经读了那么多书，许多事情能都明白理解，干脆告诉他算了。

听父亲亲口说出圣诞老人和圣诞礼物都是大人的把戏，小维纳那发达的大脑愣愣地快速地摇动着：这不可能！不可能！不可能！……他几乎在高声喊叫。他真诚洁净的心灵几乎遭受了难以承受的打击，剧烈地震颤，泪水从眼角漾出来，茫茫然盯着父亲，又移向母亲。一切都是这么陌生，一切都不可思议，突然，他转身跑回了自己房间，埋头大哭。

维纳本人曾有这样一句名言：真相所造成的创伤，很可能是洁净的伤口，容易愈合；但谎言所造成的创伤，很可能是出血化脓。这时的小维纳，所受的父母谎言的创伤是十分严重的，他不相信父母竟然会这样。利奥·维纳这位大学教授终于由此得出一条宝贵经验：父母常常是孩子的第一个偶像，你只有真诚地对待别人、对待自己、对待孩子，才不致在某一天轰然倒塌。

在此之前不久，还有一件小事，动摇了维纳心中的父亲形象。

那时，美国报纸上接连不断地登载一类新闻，说土耳其人正对亚美尼亚人进行无情的迫害。本来小维纳对双方的了解都很少，可是有一天，他和另外两个小伙伴商量，应该马上投入到战争中去，为那些被压迫的人民作战。他们三个孩子偷偷地出发了，手中高擎着他们平日"战争"时用的武器，木棒、石子之类。不久，父亲不知怎么发现了，用了半个多小时的时间才撵上他们。另外的两个孩子被交给各自的家长发落。听小维纳讲明情况以后，父亲虽然没表现出怎样的凶狠，却满脸嘲笑，讽刺挖苦道："你们也想参加战争吗？对对对，亚美尼亚人正等着你们呢！去吧，没有你们，他们怎么能取得胜利呢？"

小维纳委屈极了，也不知道自己有什么错。他从心底害怕、讨厌父亲的语气和表情，却又不敢反抗。不过，内心里却已改变了对父亲的看法。

有时候他想，没有父亲的管教该有多好。但只不过是匆匆一想，父亲那勤奋刻苦的治学态度，为家为校的奉献精神，时时影响着他、激励着他，让他站在父亲的角度上想一些事情。

1903年春天，父亲领着未满9岁的儿子，在波士顿周围的村庄寻找——找一个新的定居点。因为维纳的父亲一直认为，应该让孩子在农村环境中长大，这有极大的好处。另外，也是他深层"农民理想"在作怪，想更多地拥有自己的土地。同时，几个月前，维纳的二妹伯莎出生了，家庭经济状况日见紧张。父亲和母亲商量决定，从长远计议，从多方面考虑，应该把家搬到农村去。在朋友们的帮助下，他们买到了波士顿城西北部哈佛镇的一个叫老磨坊农场的地方。

经过这次和父亲的沉重"散步"，他体味到作为一家之主的父亲肩上负担的沉重。他有时想，能不能离开父亲，从而减轻他的负担呢？

出于父亲的爱好，同时也是为了贴补家用，父亲总是要做大量的文字工作。这时，他毅然和特纳·埃斯蒂斯父子出版公司订了一个大型合同：用两年时间，翻译完托尔斯泰的24卷著作。报酬只有1万美元。一个月一卷的翻译任务，父亲知道这意味着什么！在干着这私活的同时，哈佛的教学又不许有半点耽误和差错，他对教学又一向严肃而认真的，老磨坊农场那大片的土地，也有许多活儿等着他去干。这一切的一切都等着他,压着他,实在没有更多的时间去教儿子了。加之他也意识到儿子心里对自己的某些反抗情绪,所以和妻子商定,让儿子上中学。

艾尔中学位于老磨坊农场去波士顿的铁路干线上最近的一站。每天早晨,初升的阳光洒在老磨坊农场上空不久,维纳父子就已经吃过了早饭。由父亲熟练地牵出圈里的马,再极迅速地套上小马车,儿子从屋里走出来。教授父亲就这样赶着马车出发了。走在乡间的土路上,教授感到神清气爽,十分爽快惬意,小儿子也在尽情地呼吸着自家周围的新鲜空气。鸡鸣声声,炊烟袅袅,父子俩悠闲地谈着话,慢慢隐入清晨那生机勃勃的景象中。

到了艾尔中学,儿子等父亲把马车寄放在出租场,再把他送进校门。之后,父亲踏上去城里的火车,到大学去上课。

到中学碰到的第一个麻烦是,不知道该把这孩子编进哪个年级合适。他所学的知识,有的已经超过最高年级的水平,有的极个别科目,几乎没涉猎过。半学期过去,他才正式进入三年级的一个班。

即使三年级的课程,他基本上也都自学过了。所以再学一遍,表现得十分轻松自如。当时,班上的同学都比他大，对这位小弟弟的聪明，大家都很佩服。在老师眼里，他也被看成是特殊一员，很有拿他作教学实验的意味。所以，他的许多幼稚言谈和举动，都得到理解和宽容。对维纳本人来说，这无疑给他提供了一方快乐而自由的空间。他既能从大哥哥们那里得到很大的虚荣心满足，更能从他们较丰富多彩的生活经历中，听到那么多有趣的故事，学到那么多好玩的游戏。

回到家里，虽然父亲常伏案到深夜，却几乎每天都抽时间和他谈天：学习情况、同学关系、新闻新事等等，而且，父亲更没放过他的学习，要求越发严格，小维纳在家时必过的一个难关是，必须把当天学的许多知识背给父亲听，文学课上的课文，几乎一个字也不允许背错。如果出现错误，必将引发令人恐怖的家庭战争。所以，维纳在学习上丝毫不敢疏忽。

维纳在父亲严格监督下训练，不但避免了孩子因先人一步学习而最易产生的骄傲情绪，并且还在知识的领会和掌握上打下了牢固的基础。一般的情况下，孩子如果在某些知识上先有了学习，再学的时候，他往往会心不在焉，骄傲情绪使他不能深入学习，浅尝即止，如果初学时没能细致地掌握，那么，这种超前学习的害处是明显的，而且，孩子最容易在这样的状态下养成种种不良习惯，诸如上面已经说的骄傲、不求甚解、粗疏臆断等等。这样的关头，父亲利奥·维纳高度重视，使儿子坚实地走在知识的旷野上。

一天学习的闲暇时间，或者是假日，维纳常被自家的老磨坊农场的特殊情调吸引着，走进她的怀抱，他感到无比惬意和兴奋。

晚年的维纳，这样回忆这段美好的生活：

> 老磨坊农场的房屋，还是南北战争前10年的建筑。房子的山墙一端伸到大路边，正房和谷仓照例是由曲尺形的侧房和木棚连接起来的。房子对面就是那水塘，当时我看简直像湖泊，但实际上只不过100多米宽。水塘里有一个沼泽岛屿，塘右边有一小片树丛，初夏期间我们在那里还能看到羊齿和延龄草。另一边是水闸，有两条小河从水闸穿过潮湿的草地，再从马路的下面，通到我们农场的尽头边沿……在两条河和道路之间有一块杂草丛生的土地，是年轻人喜欢的去处。河里有青蛙、甲鱼。有只小猎犬是我个人的爱畜。它

很快懂得我喜欢青蛙和甲鱼,就用嘴来衔甲鱼给我。在半沼泽的三角地的乱草丛里,有很多孩子们喜欢的花,如凤仙花、紫菀草、甲鱼嘴、绣线菊等等。……支撑路面的石堤下面挂满了一团团的野葡萄藤。草地四季百花盛开,有蓝的、黄的、白的紫罗兰,有蝴蝶花、芙蓉花和芳香的野草……附近还有一个沙堆,我们在那里用旧地毯和旧钢琴箱搭了一个帐篷。在沙堆旁,长着一棵伞形松树,河畔被针形松叶覆盖着,在那里我们可以挖洞搭灶,煨马铃薯吃。这个沙滩是过去经过我家门口的那条老路被水冲散的一段,在那时现在的这条路还不存在。据说当年拉斐耶特曾骑马走过这条老路。从沙滩穿过一片潮湿的赤杨林,有一条小道,通往多沙的湖畔。我和妹妹经常到这里,和湖里的蝌蚪、水蛭、小青蛙结成伴侣,大家在一起游泳。在我们学会游泳前,大人是不让到倾斜的海滩去的,后来,随着我们年龄的增长,我们最喜欢的浴场大水闸上方的一个池塘,那里一条溪流的主干像瀑布一般的倾泻下来,我踮着脚,鼻子刚好露出水面。

多么宜人的农家环境！小维纳就这样在自然的山水之间，在纯朴的民风之中，接受着一般城市儿童难以经历的熏陶和教育。这一切使他拥有健康的身体、正常的感受、充分的愉悦、丰富的人类知识和智慧，他怎能不在此基础上更进一步，走向最终的成功呢？

转眼一学期结束了，小维纳提出了自己的看法：不应该再继续跟着这个班等到毕业了，有必要提前进入高中。父亲也早就有这个想法。于是，维纳在接受了一学期的初级中学的轻松学校教育以后，又直接跃入高中一年级，跟着已经入学半年的学生学习。其时是1904年冬季，他刚满10岁。

即使这样，他在学习课程上也毫不逊色于别的大同学。数学和几何的程度，远远没有达到他目前的水平，上课只算做是一种复习；英国文学和德语一类课，因为老师的水平有限，难以引起他的听课兴趣，完全没有自学来得痛快，于是，他就虚应形式；最让他感到有趣的是劳拉·莱维特女士的古典文学课，她学术造诣很深，精通拉丁语，第一年讲授古罗马人恺撒和西塞罗的著作，第二年讲维吉尔，都给维纳留下了极深的印象，为他今后的进一步学习奠定了较为深厚的基础。

这位劳拉·莱维特小姐，又是这所中学的主要经营者。她勤奋工作，顾全大局的同时，更能平易近人、踏实细致地处理事情。对维纳这个小高中生，她处处关心，事事照顾。一次，她讲完课让大家看书，走到维纳身边，看见他似有疑惑地思考着，竟俯身把这"孩子"抱起来，让他坐到自己腿上，耐心细致地讲解开了。小维纳窘极了，他几乎不能思维下去。虽然他还小，却十分顾及面子，自尊心特别重，他怕这么一来，那么多的大同学因此嘲笑他、歧视他。他放眼四周偷偷一看，大家都若无其事地忙着看书，但是，同学们不会看不见啊？想到这儿，他迅捷的头脑给自己定了位：大哥哥们都把我当成小弟弟，当然不会对老师这样的举动有什么奇怪了。他从心底感受到一种被人理解和关怀的温暖。有的同学他不熟悉，但只这一件事，他就尊敬班里所有的人了。

　　小孩子往往有一种奇异而强烈的自尊心，常常被大人们忽视。所幸小维纳的学校生活环境，没扼杀他这种宝贵的品性，同时我们发现从另一方面，也激发了他对别人的尊重和爱戴。人的心理诸因素是复杂的，大人们也不要轻视作为人的小孩子心理的复杂性。

　　课堂上，维纳和别的同学一样背课文、翻译拉丁文；

课下，他们或者平等地争论一些问题，或者一起参加游戏，大家和谐相处，友好交往。但是，同学们毕竟比他年龄大得多了，他们之间有些事，他简直不能理解，也有很多活动，他没有太大兴趣。渐渐地，形成这样一种局面：学习上他们是纯粹的同学，而他生活和社交上的伙伴，则是初级中学那些和他年龄相差较小的孩子们。他就这样处于孩子和青少年的世界的中间地带，他从一个地方获得照顾，从另一个方面得到平等。当然，这种特殊而复杂的经历，促进他成熟，也使他丰富。

书看的越来越多，他早就有些手痒，想写一篇文章，把自己的奇思妙想公布于世。正巧他们这个中学有一个规矩：每隔两个星期，学生间都要举行一次辩论会和演讲比赛。每到这天，同学们都忙着准备材料，东拼西凑，效果自然不佳。维纳想：自己应该写一篇内容丰富、篇幅很长的哲学论文，一来能发表自己的观点，二来也能更好地应付这些活动。

他用了很长一段时间梳理了自己的思维，基本上有个成型的构思以后，他就挤时间动笔写。文章的题目是《愚昧论》，他从广阔的哲学视角论述，一切知识都是不完全的，愚昧常常是无所不在的，人本身有其极大的局限等等。好不容易，又用去了假期的很多时间，才把文章完成。之后，除不断地修改以外，他还用了很长时间把它熟练地背诵下来。结果，他发现这文章不适合参加竞赛用，而且这样的论题又和他的年龄极不相称。只得把它交给了父亲。不料，父亲却对它大加赞扬。维纳弄不清楚，父亲是从怎样的心理出发，还是真心喜欢这篇文章才这样的。但是，无论怎样，得到父亲的承认是极不容易的。为了奖励他的创作，父亲在百忙中抽时间，带他乘长途汽车，到远方的美丽环境中度过了几天愉快的时光。

小维纳从没想到，一篇文章会带来这样的美好结果。同时，他也体会到创作的艰苦疲劳和难言的快乐。从父亲那里得到这样的承认和支持，他有决心，更有信心以后将更努力地做下去。

父亲利奥·维纳不愧是一位名教授，他是那样恰到好处、不失时机地把握着孩子成长过程中表现出的积极因素，并通过一定的方法，给受教育者留下深刻印象。

另外，他不只教儿子书面知识，而是想方设法把他塑造成一个完整而优秀的人。为了培养小维纳的独立精神和责任心，他想办法让儿子自己独立地干些什么。搬到老磨坊农场以后，他明确宣布，家中的一头小山羊和那条维纳喜欢的牧羊犬雷克斯归维纳自己所有，包括喂养和其他方面。他还鼓励儿子自由在农场中选一小块地皮，造一个花园，主人就是儿子本人。父亲还常把农场上出产的物品，分出一小部分来让儿子自己处理。晚年的维纳还清楚地记得，他曾经骑着小孩儿专用的轻便货车，拖着一车豆子，努力把它卖给附近的一个食品商。

父亲总结自己的经验，觉得劳动和娱乐要一张一弛地有机结合，才能取得工作的最佳效果。所以，他不但常领儿子到荒山野地"闲逛"，而且也主张儿子多和附近的孩子们到户外去玩。

小孩子们在外面野够了，就会想方设法干一些"不轨"的新鲜事。有个叫弗兰克的小伙伴，他的父亲是一家医药店的老板。有一次，他们从药店里偷出一些材料，在试先解剖了一个爆竹以后，试着学做起来。几次努力之后，才宣告成功。不料，在燃放时，因技术不过关，把弗兰克的手都烧坏了。

在离老磨坊不远处还有家农场，那儿有维纳两个要好的玩伴——霍默和罗杰斯。他们在学了理论之后，照书上的方法，用一只铁皮的灭蝇喷雾器，经过处理以后，想造成一辆内燃机车，结果，燃料刚点着，就发生了爆炸，工具都炸飞了，险些把他们炸伤；他们还曾经用一些废旧器材，做过一次无线电试验，结果触电，几乎丧命。

一次次试验，一次次失败。虽然维纳他们不气馁，但是，维纳本人有些心灰意冷。因为在实验中，他发现自己的高度近视带来了诸多不便。无论是安装什么，或者制造什么新设备，他能想象出怎么做，一做起来的时候，就笨手笨脚，干脆不能成功。他感到了什么是限制和不自由……

父亲不会无限地放纵儿子玩耍，在父亲眼里，让儿子玩好，是为了让他们此后更有效地学习。

每天放学回家，维纳的第一项任务是把当天所学的全部内容背给父亲听。这时的父亲，可能在聚精会神地看着自己的书，也可能手脑齐忙地在打字机上翻译托尔斯泰的作品，好像丝毫没注意儿子背的是什么。但是，令小维纳十分吃惊，在这样的情况下，为什么一点点小错误也逃不过父亲的耳朵？错误的下场是恐怖的——父亲停下手头的活，严肃甚至近乎凶狠地盯着他，之后，神秘阴冷地一笑，开始用霹雳般尖刻的语言挖苦他、责备他。不多时，他被训得抽抽搭搭地哭了，母亲过来了，几乎要和父亲吵起来……还得不愉快地进行下去，直至不愉快地、艰难地结束。

在接受训练的当时，小维纳只觉得惧怕和委屈，完全不敢反抗，甚至没有一点反抗的想法。事情过去以后，回想起来，平静的心情不免被父亲的不公平扰乱，越想越委屈，觉得有必要把事情向父亲说明，和他争论，也可以公然反对他，而一旦事临当头，这一切想法和情绪又不知道跑到哪里去了。

对其他"大人"的举动，小维纳却十分敏感。无论谁，稍微把他当孩子看待而有些忽视时，他就会受到强烈打击。即使不用言辞反抗，心里也是十分不满。好在父亲那些教授朋友们，都表现出长者的爱心，又是平易近人地和他谈论，慈爱宽容地对待"孩子"的缺点，因此他对这些人基本没有反感；班级的"大学生"们，一般对他都很和气，却也有拿他不以为然的，他就从心底反感他们，不和他们做游戏，不讨论问题，甚至不愿意说一句话、看一眼。

1905年的某一天，这个高中二年级的小孩子忽然产生一个设想：应该把年龄相仿的人联合起来，大家互相帮助、互相鼓励，用多个人的力量去对抗大人们的轻视和无礼。那时候，小孩子将没人敢轻视，在什么场合、什么问题上都是平等的。

他为自己的想法激动，可是，他不敢把心里话说给别人听，包括他最亲近的伙伴。当他想到这个强有力的组织反抗的对象包括自己的父亲时，他为此害怕，不知为什么，他竟觉得这也是一种罪恶，难以饶恕的罪过。年幼的他，还没有足够的力量和心理，去争取充分的自由和尊严。

时光飞逝，转眼到了1906年，维纳11岁，升入高中三年级。虽然在同学中间他还是个小孩子，但他毕竟11岁了，加上智力的超前发展，这一年，他不断有一种心理：自己长大了，自己已经是大人了。

没事的时候，他不再像以前那样，只知道无所顾虑和思考地玩耍，只是一味专注地感性地投入，对一些现象和事物，他渐渐能稍微冷静地想一下。他感觉自己清醒了许多，说话办事都稳妥了不少，更深层地认识到社会的复杂性。

同时，他内心中不时涌动着缕缕凄凉：那些当年的玩伴们，不知他们都干些什么，有些人已经没时间玩了，或者被拴在家里劳动，或者干些别的"没有趣味儿"的事。

朋友少了，父母对自己也不像从前那样呵护了，尤其弟弟弗里茨出生以后。自己是四个孩子中的老大，而老大就意味着责任和压力，就意味着限制。加之生理上的一些变化，这一切，让他既感幸福，又感到无奈和凄凉。

这时，一个女孩子闯进了他的视野，他那略带寒意的心中又燃起了一团明亮的火焰。

一次，学校举行一场音乐会。有这方面才能的学生们都踊跃地报名参加了。维纳在音乐方面几乎一无所知，欣赏能力也十分有限，只配当一位不太合格的观众，这还主要是因为学校有规定：集体活动同学们都必须参加，没有节目的可以老实地当观众。

节目很多，水平又都平平，很难引起他的兴趣，走开吧，学校又明令禁止；和同学们说句话也不可能，离演唱台太近，老师又盯着大家的举动。无奈，他只得东瞧西望地找有意思的人和事。

这时，偶然一瞥，影影绰绰看见台上有个女学生，她秀美的身姿和饱满圆熟的轮廓在那架钢琴前有节奏地律动着，优美的琴声和谐地从那里传出来，仿佛正为她的"舞蹈"伴奏。她十分投入地弹着，与音乐一起享受着神圣的美。

高度近视的他，几乎是很不礼貌地从旁边同学那里夺过眼镜，罩到眼前，专注地向她的身姿瞄去。他只感觉心嘭嘭地剧烈跳动，血液飞快地流着，头脑的那个角落仿佛有轻微的弦音，外边的一切声音都听不见了，他只知道盯着她看，仿佛那是一朵娇艳的鲜花，那绰约的风姿优雅怡人。看着看着，他感觉自己离她越来越近，甚至看清了她那张甜脸上的雀斑，心胸和臂膊都在无意中为她舒展，他多么希望和她在一起啊！那是怎样温暖的慰藉和热烈的幸福啊！

直到身边那位同学向他要眼镜时，他才似从梦中醒来，才意识到自己的失态。羞怯地环视四周，还好，没有谁注意到自己的举动。还回眼镜，他看不清她了，不知为什么，他甚至不敢抬起头来，可以说不忍心再看她一眼。几经努力，他还是鼓足勇气抬起头，朦胧中，他发现姑娘恰好向他的这个方向看。触电一般，仿佛什么强光刺伤了他的眼睛，他马上闭眼、低头，几乎支撑不住自己的身体了……台上琴声悠扬，他的心在台下剧烈地跳动着跳动着……

终于熬到了散会。他再努力地凑近台边找那个美丽的身影时，已经全无踪迹了。

此后的日子，对维纳来说，是既幸福、又痛苦的。每天到学校，第一件事就是四处张望，寻找美丽的她，放学时也常常撇在后面，多么希望有所收获！回到家里，一颗心时时被她扰乱，常常替她悬起，有时甚至面对父亲的提问和斥责，也是心不在焉。

一天天过去，每天都没有结果。在痛苦的折磨中，在对希望的幻想里，他终于按捺不住，竟然通过艰难思考，付出很多精力，勉强作了一首曲子——送给她的！

心血没有白流，终于，一天下午放学，他又认出了她那张怡人的面庞。他莽撞地拦住她，吃吃地想说什么，却什么也没说出来，只把那首曲谱胡乱地塞给她，就惊惶地逃跑了。

不久，事情被父母发现了，他们从同学们那里了解到一些情况，就既严厉又温和地劝说他；班级的同学们也都用异样的目光看着这位小弟弟。

维纳那颗柔弱的心实在经受不住这一切打击，他不再敢去接触那女孩子，同时，对给他压力的一切，他似乎都怀恨在心，甚至包括他父亲。无论怎样，他的心里梦里常出现那个弹钢琴的美丽姑娘。

这种"恋爱"的美好和苦楚暗暗地伴随他很长时间。这也是被他精于观察和施教的父亲所忽视的。如果父亲能在这个问题上引起足够的注意，或许维纳那有些胆怯和内向的性格，以及先期的不正常的婚恋心理，能有很大程度的克服吧。

维纳真的长大了。

选择大学

中学毕业后的那个暑假,对维纳来说,那3个月既短暂,又漫长。艾尔中学的朋友们不时地找他玩耍,老磨坊农场的农家孩子们也陪他打发了不少时光,他更时时思念着那个弹钢琴的姑娘。下一步路走向哪里,还没有着落。仍然读书,仍然同父亲到外边散步,但却感到一切都很杂乱,毫无头绪。

偶有所感,他就信笔写些文章,投给当时号称青年艺术家、诗人和小说家摇篮的圣尼古拉斯联谊会。但是,谁也没有在意这个11岁的孩子。维纳认为这是对他的一种轻视,就不再厚颜强求他们了。之后,他买了一个破相机打发时日,还打算买一杆气枪消遣。气枪没买成,父亲却给他买了一杆带软木塞的玩具枪。维纳不敢抗议,发现父母还是把自己当成孩子,心里十分委屈,又无可奈何,只好盼望时间快点过,以便尽早地到学校去,享受更多的自由。

一天傍晚,一家人吃过晚饭,父亲把他和母亲叫到身边，问他下一步打算到哪儿去念大学。维纳没想到父亲会征求自己的意见，他实在没有准备，吃吃地没有个利落果断的答复。见此情景，父亲得意地一笑。从这一笑中，维纳感到了更多的嘲笑和伤心，他为自己的犹豫和懦弱而气愤。

最后，父亲不容怀疑地决定：送他到塔夫茨学院去读书。他心平气和地谈着看法：首先，他不想让儿子为迎战入哈佛的紧张艰苦的考试而进行无益的学习，而且风险会很大，一旦失败，打击会很大，外界影响也不好；其次，塔夫茨学院虽然名声不及哈佛，实际上，他们的教学水平和管理都十分精良，只是离哈佛太近，被人们忽视了；再次，他不想让儿子直接进这所知名大学，而引起众多人的没必要的注意。

不久，维纳顺利地通过了塔夫茨学院的入学考试。为了方便儿子上学，他们又在距学院很近的梅德福山坡上买了一套住房。父亲天天从这里坐电车到哈佛去上班。

环境的多次改变，维纳已经形成一种习惯：无论在哪个环境中，都要尽快了解它，并尽量和那里的人混熟，尤其是同龄的孩子们。搬到梅德福山坡以后，他马上熟识了邻居的孩子们，和他们一同游玩，很快也熟悉了周围的地形和建筑；他还通过阅读资料和亲自走访，熟悉了塔夫茨学院的详细情况，对大学的生活有了个先期感觉。

1906年9月，维纳11岁，他的大学生活开始了。

维纳发现，正像父亲所说的那样，塔夫茨学院确实有一批优秀的先生，也有较好的学风。没多久，他就感觉到大学生活和中学生活的诸多不同。

老师们大多德高望重，学识渊博。从给他任课的老教授们那里，他第一次强烈地意识到，自己以往所接受的学校教育和自学知识的局限，正是从他们那里，他充分地享受到直接接受新知识哺育的甘甜。

韦德先生是著名的希腊语教授。他性格内向，但知识极为渊博，兴趣十分广泛。他不但对希腊的风物人情熟稔于心，而且，对希腊文学更有透彻的研究和深沉的陶醉，他希腊语的知识和见解，更是令人耳目一新。

维纳第一次欣喜又吃惊地发现：在希腊语方面，韦德教授不比父亲差，甚至在某些方面远远地超过了父亲。从这里他看到了一线希望：自己只要努力学习，接受韦德先生的教育，就有希望超过父亲。此后，他一有所得，就拿去同父亲讨论，偶尔他会发现，在某些问题上，父亲也不得不重视他的看法了。他一向认为父亲是不可战胜的，只这小小的较量，就使他无比欣慰，他的自信心正被慢慢地激活。

在希腊语上，维纳想寻求一种和父亲对立的刺激；在德语方面，父子俩配合得却比较和谐。教维纳德语的是法伊教授，他是位极有涵养的绅士，喜欢登山运动。他德语的研究兴趣基本上和维纳父亲的兴趣相同，尤其偏重于散文和抒情诗。维纳早就经常和父亲熟记和朗诵那些脍炙人口的抒情诗了。现在学起来，也是兴趣十足，轻松随意。

数学方面，维纳碰到了一位杰出的人物：兰塞姆教授。因为面对的是大学一年级学生，所以他只驾轻就熟地教一些基础知识。而这些课程对维纳来说，还不能满足要求，大部分内容都学过了。发现这个情况后，兰塞姆教授就特别给维纳指点了一个研究方向：学习他的方程式理论课。这门课程确实超过了他的现有水平，特别是有关伽罗华原理那部分内容，他当时几乎一无所知，学习起来也感到吃力。经过努力和先生的精心指导，终于获得了成功。

很明显，自从上大学之后，维纳在学习上就表现出与其他同学不同的特点：他从难处入手，不只是学习，而是重在研究。而且，在对知识的接受上，他不受门户之见的束缚，他只相信知识本身。这突出地表现在，他不轻易地崇拜谁，包括他渊博的父亲，他只知道学习研究，进而对比发现。他对知识上的探求欲望是无穷的，所以，他不可能在已有的高峰上停下探求的脚步。

此时的维纳刚刚跨入这个中间地带，他必然会遇到诸多的不如意，同时也强烈地感受到内心的紊乱、烦躁和迷茫。

从生活形式上看，他似乎没有什么太大变化。虽然名义上是大学生，他却几乎注意不到大学生应该给人一种怎样的形象。上学时，他常短衣短裤，处身在那些衣着或庄严或华丽的男女同学之间。讨论起问题来则忘乎所以，吐字极快，有时别人甚至听不清楚。大家听着他的高论，似乎无意从他那里获得哪些知识，而只是想看着这个小弟弟，这个古怪的孩子在那里怎样激动、怎样尽兴。他们好像在帮这孩子的忙，又是心甘情愿地那样做。

偶尔有时，小维纳也会有几分理智，表现些许谦让，把机会让给别人。但是在讨论的场合，面对演讲者"谦恭"地征求意见，他却看不出这虚假表象下的真实含义，就心直口快地直涉主题，或质问或批评或嘲讽，往往让听者信服地哄然大笑，常令当事人面红耳赤地下不来台。他们当时心里可能嫉恨，过后却也没有办法，也没有必要想办法去报复他,因为他们都知道,这个怪孩子心中毫无恶意,他本来就是那样的。

如果说维纳在学校时还有其"大人"的一面,回家便是一个孩子了。这个学生,没事时或许叫走邻居家的小学生孩子到外边野上半天,而且玩起来津津有味,彼此十分融洽。所做的各项游戏,两年前他在玩,五年前他也在玩,而且,或许五年后他还在玩吧。维纳当然很少想到以后,他玩的时候就是玩,什么也不想。

童年的友谊是纯真的。维纳常想起他过去的某些玩伴,顺便也就回忆起那些游戏的好玩。每到暑假,他还到老磨坊农场去。同学们和伙伴知道以后,常去那里找他。这包括塔夫茨学院和艾尔中学的同学,也有各时期的玩伴。阿冯大街的玩伴们接触少了,他努力抽出时间去一趟,重温那美好的日子;他还常记起坎布里奇的朋友们,可惜距离太远,几乎难以见面了。

在读书上,他还像个孩子。能引起他兴趣的,他就狼吞虎咽贪婪地猎取。父亲的藏书读得差不多了,他就跑到波士顿公共图书馆大读特读。头脑中缺少杂念,读书的效果就十分好。而且他常常泡在儿童图书馆里,无比快乐。读文学书也十分有趣,说是读书,还不如说是和作家一同呼吸、一同悲哀和欢乐。儒勒·凡尔纳的惊险，梅恩·里德的幽默，雨果的博大深远，仲马父子的敏锐多情，他深深地沉浸在文学大家们伟大著作的丰富和瑰丽之中。

他的这种广泛的求知兴趣更延伸到学校。除了从教授们那里获得新知识，以及与同学们辩论切磋以外，他更感兴趣的是那些实验。兴趣归兴趣，他却常在这过程中受到"伤害"。因为自己近视，行动起来笨手笨脚，和其他同学们一比，自己的结果往往很难令人满意。看着身边的同学一个个都成功了，再看看自己，他好胜求强的心常常很痛苦。

其实，在做实验上，他有自己的优点。他往往能不受教授们指点的局限，独辟蹊径，用最快速简洁的方法取得成功。认识到这点以后，他们就几个人联合成一个组，由他当军师出谋划策，由别人动手操作，果然，他们经常最先胜利。智慧的人会从不同的途径走向成功的终点的。

他还偷偷地在家做一些实验，由小玩伴们帮忙。一次，他们做了一个电学实验，用手摇发电机发电来制造胶质金和胶质银，以验证他头脑中的想法：凭借不受方向支配的磁场作用，把一堆铁屑和碳粉压紧，使它的电阻发生变化，从而提供无线电通讯用的电磁粉末检波器。他们还曾试制过一台变压器。虽然受视力和其他不利因素的局限,但他还是努力做到边思考边实践,把一切想法落到实处。

一边读书,维纳一边深化着自己的思考。在大学二年级前后,他读了许多文学著作。父亲发现,儿子已经理解了许多深奥的哲学名词,而且能熟练地把它们运用到具体表达中,心里十分高兴,便一边引导儿子读一些哲学著作,一边鼓励他,增强学习信心。虽然父亲这次没强令自己学哲学,维纳心里感觉仍是被人牵着走的不自由。好在他的哲学兴趣正浓,也就没因这种朦胧的逆反心理耽误什么。接着的那学期,他选修了库什曼教授的几门哲学和心理学课程。同时,他更加广泛地涉猎这方面的作品,尤其对斯宾诺沙和莱布尼兹这两位大学者的作品,他不但深入学习,而且心有体会,思想受到他们很大的影响。维纳认为:"斯宾诺沙的泛神论,和在伦理中所使用的类似数学的语言,掩盖了他的著作是历史上最伟大的宗教书籍之一的事实。如果把它从头到尾读完而不把它分成各种原理和定理,那么就可以知道,它体现了一种高尚典雅的风格,有助于发扬宇宙和人类的尊严。"对于莱布尼兹,维纳一方面赞扬他是一位"伟大的多才多艺的哲学天才",同时也公正客观地认为他是一个"善于奉承、追求名利和谄上欺下"的人。由此可见，维纳不仅学习他们的观点，更学习他们的人格和品行。

也是在这一年，维纳又对生物学产生了更大兴趣。自从他接触到塔夫茨学院的生物博物馆和实验室以后，被那些具体生动的生物学实物吸引和激发，加之从文献中对这方面的知识的把握，他从心里感到，生物学是一门令人幸福、使人丰富、让人明智的科学。父亲一方面发现了儿子的爱好，一方面也是从自己的兴趣出发，总是希望儿子把生物学当做自己的最主要专业。

大学二年级以后，13岁的维纳自己也说不清是为什么——心里常常对父亲的"说法"感到不服气。有时是无意中惹得父亲特别生气，有时又是他几乎在有意的情况下和父亲对抗。

其实，自从维纳上大学以后，父亲对他放松了限制。这一方面是因为父亲工作太忙，没时间像小时候那样教育他；另一方面父亲认为，孩子已经长大，没有必要处处由自己过目，应该渐渐地叫他自己养成一种能力；还有一个很重要的方面，上大学以后，维纳对生物学、哲学和数学等方面已经进行了较为深入细致的学习，与以前相比，父亲的权威性大大削弱，有时很难再对儿子作出有价值的指导。作为儿子，他首先为自己超过父亲而感到幸福，同时他更惊讶，不禁孩子气地想：原来父亲也不是无所不能的啊！随之而来的，就是因为不再奉若神明地崇拜而带来的相对轻视。父亲几乎对这些变化难以适应和承受，儿子在享受自由的同时，也从父亲的"敌对"中感到痛苦和疑惑。

对父亲的语言学工作，维纳也渐渐地有了一些较为客观的理性认识。他承认父亲的工作是极为专注和刻苦的，因此他的语言研究在语言历史学这一大范畴内是特别先进的。但是，父亲注重实践性研究，这是其洞察力的主要来源，而另一个深入研究语言的要素呈滞后状态，即缺少形式逻辑的过程，以至使语言学变成一项推理工作，几乎成了一种迷人的文字游戏。

基于这样的认识，维纳即使面对父亲在他拿手问题上的提问，也不再只是一味地赞成和接受，而是用怀疑和思考的眼光去分析，有时直言不讳地说出自己的不同想法。面对这样的情况，父亲利奥是绝对不能容忍的。在数学和生物学等其他方面，维纳可以超过父亲，在语言上，父亲就是绝对的权威，别说你小孩子，就是学术界的名流高手，对父亲的观点和研究也得以礼相待刮目相看。

每遇到这样的情况，父亲往往先勉强按捺住胸中的不快，强装平和地听儿子评说，之后进一步探听他的看法，很快，儿子那贫乏的语言学知识就山穷水尽了。直到这个时候，父亲的怒气才积聚到顶点，开始了骇人的发泄和喷射。他先嘲笑着儿子的某些局限，压住批评的阵脚和底火，越说越气，到后来，那纯粹是狂怒之下的训诫甚至是谩骂了。一声声厉言快语，如刀子般刺进儿子的耳朵，而且还感到难以满足，早已忘了自己为人为父应有的形象，让儿子在痛苦中震惊和恐惧。父亲很少发怒，更很少这样发怒，终生为学者的他，正在极力用一切办法维护自己终生的收获。

出于对父亲发怒的恐惧，也出于对自己知识的具体估计，有时，面对父亲的问题，维纳表现出对父亲的赞同和随和。这样的情况下，只要父亲听出儿子没用真心对待自己的回答，他仍然要大怒，因为他为儿子在学术上的虚伪而伤心，他一生着力对儿子施加的一个最大影响就是学术品格。他当然不忍心让自己洒在儿子成长道路上的汗水白流了。

就这样，面对父亲的问题，维纳常处于两难境地，进退维谷。每到这时候，他都仿佛要大难临头了。人无完人，这位利奥教授在这方面给儿子带来怎样的影响呢？为人父母者常好犯这个错误，只不过利奥表现得更充分罢了。

暴力的作用是有限的，维纳当时慑服于父亲，事后只能更加滋长他的"叛逆"心理。好在当时他对父亲的处境有个相对正确的认识，才避免了父子间的更大隔阂。

维纳隐约感觉到，虽然父亲在语言学界的名望很高，经常能听到对父亲研究成果的称颂，也常有同行向他求教，但他还是个孤立的人。因为他不出生于哪位名师的门下，没沾到哪位名人的"灵光"，父亲又不愿意没有价值地参加一些只为个人扬名的组织，他只知道踏踏实实地学习和钻研，最反对徒有虚名。所以，在语言学界各派的眼光中，父亲都是位不受欢迎的学者，他们又不敢轻视他，又排挤他嫉妒他。他的处境是十分艰难的。

虽然这些问题维纳是逐渐意识到的，但每当他对父亲的理解加深一步的时候，他就为父亲暗自鸣不平，也就从心理上谅解了他的许多"过错"。他明白，父亲把儿子看成最亲近的人，儿子也应该是他的最佳拥护者和忠实的同盟军，自己的儿子也想"叛离"自己，父亲当然会相当伤心，当然会难以控制住感情。

父亲在遭到儿子"反叛"的同时，他平静下来时也常提醒自己：儿子大了，应该改变一下自己的思维方式和处事原则，给他更大的自由，以及大孩子应该有的一切。

一次，父亲的一位朋友来家做客。当父亲礼节性地介绍家庭情况时，第一次正经严肃地把维纳向外人引见。他几乎不相信自己的耳朵和眼睛，父亲真会这样做吗？与以往不同，既然父亲让他享有大人的身份和地位，他当然不能再像以前那样，只顾在大人间玩耍，而不讲一点礼貌。他一本正经地和客人谈话，尽量表现出理智的谦虚和尊严。客人除了对他报以惊讶的赞叹外，还表现出对大人般的恭敬和客气。维纳第一次感到了成人之间交际的滋味。他感谢父亲，把自己看成大人。在那样的环境里，维纳感到多么体面而有尊严啊。小孩子也需要别人尊敬和维护自己的尊严，有时候还特别需要。

和父亲的关系，就在这或紧张或友好的状态下发展着。还有件事情，维纳一想起来，就像父亲在无情地嘲弄他，感到心灵受到了很大伤害。

以前那些日子，维纳没太注意到外界对自己的评价和关注。其实，作为一个神童，人们早就怀着各种心理去接近他，了解他。许多报刊的记者，更是不愿意放过令人感兴趣的新闻话题，常用"围追堵截"的方式采访他们。作为个小孩子，他没少接受采访，总的说，他只觉得这挺好玩的，好像在绿草地上发现一个大蘑菇，或者游戏中胜利时的心情。从采访者的目光和话语中，他感到高兴。别的事情他都没太注意。记者们采访最多的还是父亲，因为他们都想从这位学识渊博的教授嘴里探听到教子之道，以及各式各样的和神童共同生活的有趣事情。父亲是位喜欢鲜花和掌声的人，因为，他这辈子最大的事业有两桩，后一方面是学术，前一方面就是儿子。作为父亲，他当然希望儿子轰轰烈烈，所以，他不但在实际的过程中，给儿子投注更多的关心和教育，而且，他也希望通过一些形式，促进儿子声名的远扬。他自己是孤独的，他的儿子——他最亲密的同盟者的成功，当然也就是他的成功。他需要这些。

当维纳有能力认识自己总结自己的时候，他也曾为自己的"杰出"感到荣耀。看着自己的头像被清晰地印在刊物封面上，他偷偷地把它剪下来珍藏，满足着一个孩子最易满足的虚荣心。

父亲不愧为一个明智的人，他发现孩子的虚荣心开始膨胀时，就清醒而果断地决定，必须逃避一些无价值的吹捧让孩子踏踏实实地成长。父亲有时给儿子讲一些采访的不良用心，使他对这样的事情有个分辨。他本人也反省自己，甚至觉出这些"自我陶醉"的滑稽和可笑。他们一起尽量避免"打扰"。

某天，一个大报的记者正在隔壁采访父亲，维纳发现以后，躲在门后偷听。父亲十分有礼貌地招待"客人"，记者那伶牙俐齿的表述恰到好处地寒暄着。采访的内容还是"神童"的家庭教育情况。

对有关"神童"的话题，父亲和记者顺畅流利地交谈着，一些"有趣"的事常让记者畅快地大笑。父亲在赞誉声中渐渐涉及事情的关键部分，结果，他给"神童"下个全新的定义：经过良好家庭教育的、使他全部潜能得以充分发挥的普通孩子就叫神童。他还特别高声强调"普通"两个字。

听到这里，维纳的心几乎在流泪，脸腾地红了。这难道真是他作为父亲说出来的心里话？啊，一切都是他的成绩？我什么也没有，什么也没有！他伤心地念叨着，气愤的火花从心底慢慢燃起，越想越气，甚至恨他，他真想撞开门冲过去，捂住父亲的嘴，高声向记者解释清楚：别听他的！我就是我！

　　最终他还是没敢那样做，不过，他像遭受了一场重病的摧残，很多天闷闷不乐无精打采，他从心里觉得，人太凶险太难以琢磨了，竟然连父亲也这样。

　　正当维纳感受着来自家庭的丝丝寒冷时，另一件事又在学校发生了，他几乎是手足无措地被卷入了他生命中的第一次迷乱和困惑。

　　在大学的最后一年，班级有几位对解剖学感兴趣的同学组成了一个实验组。维纳是组长。那时，实验人体解剖都是借助对猫的解剖来完成的。因为伤生是基督教的一大罪，当然不能用活人来做标本，就是用猫这类代替品，也必须十分小心，解剖后再缝合，不可以让它们有生命危险。

　　经过几次努力，他们才征得了实验室开门人的同意，背着主讲先生金斯利教授，用一头试验用的豚鼠来代替猫。因为大家是偷着做，有些紧张，更因为他们没有经验，结果在对动脉捆扎时，没能正确地将与动脉连在一起的静脉和神经分开，实验失败，豚鼠死了。当金斯利教授发现这件事时，他大为震怒，这直接关系着他多年经营起来的这个实验室的存留问题。另外，伤生有罪，他的几个学生犯下这样的罪过，他的责任也不小，传到外面，其影响将极其恶劣。作为组长的维纳，虽然他最后并没受到什么实际惩罚，但是他深感对不起金斯利先生，更从心理对自己的伤生行为感到惭愧。仿佛那无知纯洁的动物的死，一定早晚会给他带来不祥的凶事。

沉重的犯罪感压着他，继而他想到了死。多么可怕的事情啊！他说不明白死是什么，但他深感死的恐怖和黑暗。他又从自己的行为中总结出自己的凶狠和野蛮，此刻，他不但看不透父亲，不明了生死，连自己到底是什么或什么样也弄不清楚，茫茫世界一片黑暗和极不稳定，他四顾呼喊而无所依托。他惧怕这一切，又面临着这一切。这时，他多么希望重返童年的美好时光，然而一切都离他远去了。失望充塞着他的心理，更有对未来的不定的失落感。他就这样艰难地打发着时日，只有偶然间沉浸到书里是美好的。

终于到了1909年的春天，14岁的他结束了大学生活。

3年的大学生活，维纳丰富了学识，见到了很多世面，为他以后的路铺下了坚实的基础。同时，这阶段也正是他生命的转型期，尤其临近毕业那段时间，使他处在深刻的矛盾和痛苦之中。这时，维纳的父亲发现儿子近阶段变化极大，情绪低落，加之儿子不再在塔夫茨学院上学了，他决定卖掉梅德福山坡和老磨坊农场这两处房子，换个环境，到坎布里奇去。不久，他们在哈巴德公园和斯帕克斯拐角买了两块地，在其中一块地上盖起了一处漂亮住房。

随着时间的流逝，以及家事的忙乱，维纳的心境渐渐平静下来。新的平静带给他的是新的成熟。他冷静地设计着未来。对父亲的态度，他也能较理智地处理。他心中有一个明显的感受，自己能独立地干什么了。

正当此时，报刊上不断有消息传来：探险家们又在地球最北端发现了一块"新"大陆，那里有千万年的冰雪，有各种各样珍稀的动物，有奇特的自然现象。这个令人振奋的消息，同样鼓舞着他的重新复苏的心。他深切地感觉到，一个人具有开阔的心胸，永远想着天下最大的事情，他是伟大而美丽的。家，太小了！

从哈佛走向剑桥

塔夫茨学院3年大学生活，耗费维纳许多精力，他甚至感到"精疲力竭"了。这一方面源于精神上的，与父亲的日益对立和急速僵化的父子关系，因为那次解剖试验而引发的死亡意识和负罪感，深深地折磨着他；另一方面，他博览群书重点钻研，眼睛近视得越来越严重，身体也渐渐要垮下来。生物学和哲学两门课花费了他大量时间，同时，他更孜孜以求地争取在数学领域有所建树。人们一般不会想到，他获得大学毕业文凭的专业是数学。

临近毕业时，维纳感觉到父亲对自己的未来更新还要提"建议"，他想，自己应该先入为主地找父亲谈一次，把自己的观点向他讲明，免得到将来父亲把他的"建议"公布出来时，自己再直接反对，惹父亲大为不快。

若在以前，他是不会想到这一层的，在矛盾的压力下，他更理智了。像大人们办正经事那样，找一个父亲情绪好的机会，果断地把自己的想法讲给他：

"您一定考虑了我将来要干什么。我现在特别想在毕业以后，进哈佛大学的研究院学习动物学。您知道那是一个极吸引人的领域，我相信自己会在那儿做得更好。您也是这样为我打算的吧？"

乍一听到，父亲很吃一惊："你要去学动物学，将来？"他一边无意识地默念着，一边又在听着儿子果断的陈辞，轻轻点着头。

"学医学不是更好吗？"

他还是把自己早已考虑好了的想法疑惑地提出来。还没等维纳再说什么，父亲仿佛意识到了这随便谈话的严肃性，立即正言道：

"我认为你应该去学医。学医学吧！你先回去考虑考虑。"

父亲再没说别的，儿子也觉得没必要、也不可能把这事马上定下来。从父亲的表情和语气中，他觉得胜利是自己的。

这事的最终成功还得归功于沃尔特.B·坎农教授。他是父亲的好朋友，当两个人谈论起这件事时，坎农教授也主张让维纳学动物学，因为这孩子年龄太小，学医比学习其他任何专业都没有好处。

维纳终于争得了一次自主。1909年秋天，将近15岁的他进入哈佛大学研究院,开始为争得生物学博士而努力。

进哈佛,维纳设想自己一定能在那里过着自由的学术生活;从博学的教授们那里接受丰富而尖端的知识,可以自由切磋;和同学们平等相处,自由讨论,在深入的学习中获得广博的学识。

不料,维纳发现当时的哈佛大学,并不像自己想象的那样现代、自由和开明。老先生们的学识可谓渊博,但是,他们在心里的深处还残留着一种历史的阴影,喜欢的是那些既勤奋好学,又具有绅士风范的学生。而且"绅士式的漠不关心、故意的冷淡、知识分子的镇定自若,与社交上的文雅仪态相结合"。具有这些作风和表现,才称得上是一名合格的具有哈佛特色的大学生。

对维纳的聪明、善思、好学,教授们十分称赞,可他的不修边幅、不顾别人情面、过于赤裸地显示自己和揭示别人,又是让这些颇具"性格"的先生们不入眼的。因此,从老师们那里,维纳没有体会到理想的"严师"所应显示的品格,"诤友"这一层含义,更是无处寻找。他只是学习,几乎是没有感情地从一部部机器那里掘取着文明的信息。

对身边那些"深谙事故"的同学们,维纳更感到格格不入。和他们交往，不但在学术上缺少自由和正直，而且在生活中也要戴上面具，或者在"假面舞会"中碰磕。

最让维纳感到伤心和难以忍受的，还是对专业知识的学习上。

生物学课的试验特别多，而且某些试验的操作程序特别复杂和细致，稍一粗心、或者稍微不准确，就很容易导致失败。维纳因为眼睛高度近视，虽然他常常佩戴性能良好的眼镜，还是常常影响他那些高难度试验的正常进行。做起试验来，他不但耗时多，失败频繁，而且损坏器具最多，即便实验做成功了，也常常把试验记录弄个一塌糊涂。后来，老师几乎对他这方面的能力深表怀疑，又对他其他方面的情况缺乏了解，所以，有时简直怀疑他怎么能大学毕业。

老师的偏见，同学们的嘲笑，自己的"失败"，常让他那颗战无不胜的心饱受打击。可是，他对自己有个清晰的认识：虽然自己的"操作"功夫欠佳，但是，在想象、推理和设计上，自己还是可以的。后来，他就设法同其他"手巧"的同学结成小组，他出"脑"，别人出"手"，结果彼此取长补短，效果十分好。这个小组的几名一向被认为"低能儿"的学生，却次次出色、回回争光。老师对他们的看法和态度有所改变，但是维纳发现，作为"军师"，他杰出的脑力付出难以得到老师的承认，甚至本组的几位有时也不以为然，他们只注重"手"的功夫。难道这些实验只是一种技术？维纳常常为此气愤难平。

鉴于这种状况，身边的好心人们常劝维纳放弃这个专业，改学别的，以便发挥自己的特长，做出更大成绩。

此时的维纳，本来想应用自己艰难争得的一次自由机会，到自己热衷的领域内自由畅快地学习和研究。谁料竟会出现这样令人懊丧的局面。既然主攻方向已定，他就要在这方面付出的最多，不能像以往那样天马行空兴之所至泛学了。而这个方向竟这样地拒自己于门外。他为此特别苦恼。

在与同学们的交往上，又常有一些不快的事情不翼飞来，使他原已不畅的心里越发暗淡沮丧。

维纳有个习惯：一有闲暇的时候，他就有意无意地想知道此时是几点了。父亲多次给他钱叫他买表，可他每一次都和同学们一起"慷慨"了。他在花钱上很少注意，精于发现的某些同学也就"不注意"起来。父亲发现儿子的表一直没买来，钱又花没了，就亲自给他买了。维纳却三天两头地把表忘在家里，没多久就丢了。无论什么时候，也不管别人在干什么,只要他一闲下来,就不厌其烦地问"几点了",而且他特别"健忘",不久还要问。同学们特别厌烦他这种冒昧无礼的举动,有时讽刺他几句,有时甚至假托表坏了,可他还是问,尤其在他尽兴地读书或干什么之后,特别不知道计较别人用什么态度答复他。有个同学实在没办法,干脆把表给他了。

因为这样不顾他人的举动,和其他许多不讲"礼貌"的言行,他和同学们的关系越来越难以融洽,当然谈不上相处的愉快了。

既然与班级的大同学们合不来,他就设法把目光转向哈佛大学的另一群落——"神童"。

维纳了解到,在他进哈佛大学读研究生的1909年,这所蜚声世界的名牌大学又有一件事引起世人瞩目:除将到15岁的维纳外,还有另外4名"神童"进这所大学学习。他们分别是11岁的W·J·西迪斯,14岁的A·A·伯利,不满14岁的塞得里克·温·霍顿和罗杰·塞兴斯。这5位"神童"几乎同时走进哈佛。给这座古老的大学增添了欣欣向荣的气象。

他们5位之中,维纳年龄最大,层次也最高——已经开始读研究生。已经对世事有所接触的维纳,很想了解另外4个人的身世经历，试图发现一些与自己的成长经历不同的有趣的东西。同时，也因为他在那些"大同学"中间不太受欢迎。所以，他竭力想和他们接触，并产生了一个"有意义"的想法：跨越年级和学科界线，他们一同组成一个"天才俱乐部"，尝试一下他们在一起是怎样一种状态。

维纳很快就了解了西迪斯。他发现，虽然西迪斯只有11岁，但他的数学天才十分杰出。和自己进行一下比较，发现西迪斯在社交上也同样失败，衣着不修边幅，行动粗野，有充足的孩子气。基本和自己有相似的优缺点。

在和伯利直接交往几次后，对他那套极讲究的仪态和社交礼节感觉十分震惊，加之兴趣爱好的迥异，也没有长期共处的可能。

既然这样，维纳觉得也没有什么太大的必要再去和霍顿、塞兴斯两人接触了。他那个俱乐部的想法还没成形就破产了。

维纳在哈佛难以找到自己适宜的环境，处在闷人的气氛之中，又没法向父亲提出什么要求。终于熬过了一学期，父亲经过再三考虑，认为必须果断改变一下儿子的处境。回忆儿子的大学生活，他觉得维纳应该主攻哲学，不是医学，更不是生物学。对儿子智商之高，他确信不疑，为了避免他因视力和身体上给他带来的不利条件，必须倾向于人文科学的研究。一经决定，他只和维纳打了下招呼，就想方设法地为促成这件事而努力。他有位老朋友弗兰克·蒂利教授，正在康奈尔大学塞奇哲学院主讲伦理学。经过这位蒂利教授的介绍，他代儿子向这所大学申请了奖学金。

虽然这件事还没马上有结果，维纳本人也为自己再一次被父亲"辖制"而感到不舒服，可哈佛的这一段生活给予他的印象极坏，他真想马上离开这里。所以，也就有些顾不上父亲的"指令"了。

这次的"自由"选择进哈佛学生物学的失败，维纳对自己大失所望，好不容易培养起来的自信心，再一次被事实和父亲的行为摧毁了。此刻，他一方面品味着依从父亲的踏实和轻松，同时也分明地体味到被约束的委靡和沉重。为儿子计，父亲给他寻找一个温暖安全的窝，而儿子从此更多地失去了失败的机会，也就缺少了自己艰苦锻炼和碰壁的艰难，也就难以自主和自强。这件事的发生，对维纳本人的影响极其深远，他晚年回忆时，仍用复杂的感情分析其中的各种因素和利弊。

终于熬到了1910年夏天，维纳在哈佛一学年结束了，因为下学期将按父亲的旨意到康奈尔大学学哲学，父亲也想从各方面改变儿子的处境，他们就在维纳刚放假的时候，举家迁往新罕布什尔州的桑威奇镇，租住在塔马拉克别墅。

桑威奇镇位于山地，周围景色清新秀丽，空气洁净，房舍宜人。许多人家的房子都依山而建，随山起伏，树木掩映。那时，这里人口不太多，而且多是勤劳朴实的农民。人们之间真诚相处，恬然自乐，呈现出一派安定祥和的景象。

由车马喧嚣的大城市到这样宁静温馨的乐园，维纳那颗烦躁的心马上宁静下来。他什么事都不必去想，谁也不会给他一个高深莫测的微笑，他无需再为准备一个必做的试验而煞费苦心，一切虚伪和礼节都归于真诚和直率。很长时间没能真切地享受到这份美好了。

他和这里的许多农家建立了平等和谐的友好关系。他们之间也互相谈论问题，但谁也不想争个上下高低，或者可以说，根本不存在那可怕的争论，人们只想表达自己，也都很愿意接受别人的心声。在这苍山绿草之间，人和人感受着最平淡最朴素的亲近和友好。

自从搬进新居以后，鉴于儿子的具体情况，父亲也放松了对儿子的要求。父亲高兴的时候，往往是维纳最称心的游伴。他愿意听父亲讲述某一种植物的特性和辨认方法，他也愿意听父亲滔滔不绝地谈论一些与自家相关或不相关的问题。有时父亲表现得比儿子更有兴致，儿子略显低沉的情绪马上被调动起来，在平和的气氛中，在大自然的静美中，享受人间亲情的美好。

忘记了外在的压力，维纳曾有的旺盛的童心又渐渐地恢复了。他常找邻居家的孩子们到山里去玩。小孩子最真诚无邪，这正适合他的心性和口味，玩起来也最尽兴。这时候，他已记不得自己已经比那些孩子大5岁或者10岁。他们之间愉快的媒介就是玩，或者跑或者叫，把成年人那纷乱的思绪压缩为零，完全还原为美好的感觉和情绪。

短短的3个月时间，维纳的身心在桑威奇镇得到了很好的恢复和调整。一天，康奈尔的好消息传来，他获得了奖学金资格。

维纳日后回忆这次转学经历时，想到当时家中的经济状况，曾经这样说："我能理解，像我们这样收入有限的家庭，在其他孩子的需要越来越迫切时，不可能允许我走上严重的歧途。"

不可否认，经济上的实际情况是父亲利奥决定儿子马上改变研究方向的原因之一，但绝对不是主要方面。否则，他父亲为什么马上搬家——有自己住所不住，而去租房住呢？从另外角度说，儿子毕竟还要求学，这转学难免不使家庭有经济上的负担。总的看，他想方设法排除一切不利因素，创造良好环境，去促进儿子学业的长进，用心是极其良苦的。父亲当时对维纳采取的"武断"措施，儿子也深不理解，而且还尽其所能地对抗，其不良影响也是深远的。但是，年老的维纳回忆起父亲时，却十分客观地承认，在自己成长的过程中，父亲的密切关注和鼎力支持是特别重要的。人往往都这样：对于那些有利的积极因素，常认为那是与生俱来的，没有"他"也能达到的，那些不利的方面，则近于完全地记在他人账上。仿佛没有"他"的阻隔，自己的良性发展是没有止境的。

1910年夏末，15岁的维纳在父亲的陪同下离开家乡，到康奈尔大学去过新的生活。桑威奇镇的修养，给了他面向生活的勇气。而且，他朝思暮想的"独立"生活就要到来了，虽然内心中有一种无依无靠的失落感，但是，他还是从心里愿意到陌生的环境中"冒险"，他已经渐渐地意识到自己在社交和独立生活方面的缺陷，所以特别想增强这方面的能力。

父亲总是不放心，他既希望儿子能独立地生活和思想，又不相信他自己能做得更好，往往希望归希望，具体的事情上还是给儿子安排妥当才放心。康奈尔大学之行，他不但陪儿子前去，一路千叮咛万嘱咐，还把儿子托付了那位老朋友蒂利教授。他还和这位教授一起，为维纳制订了一套详细的学习计划，以便让儿子依此行事，以免无人照顾。他还特意向老朋友摊牌：这孩子性格不稳定，情绪波动极大，在社交上很不成熟。生活上的事就交给你们了，还有一个重要的方面也要由你们一家多费心思——尽可能解除这孩子思想中的各种烦恼，在思想上多给他指点迷津，让维纳常去你们家，以便及时发现新情况，解决新问题。

老友相见，谈来话多，晚饭后他们仍然亲密地交谈着。忽然，蒂利教授引出一个话题：

"曾经听别人说，你们维纳家族有一位大名鼎鼎的先人，他叫迈莫尼迪斯，他十分了不起，是苏丹·萨拉丁的大臣的私人医生，埃及犹太人的首领，而且是一位伟大的哲学家。你的儿子又来学哲学，真是要发扬祖业了。"

维纳一听自己的祖先有个叫迈莫尼迪斯的伟人，他不太了解，但感觉挺新鲜有趣，从来没听父亲提到过啊。怎么，他是犹太人，自己的祖先是犹太人？不可能，绝不可能。

　　不料，父亲竟严肃地承认，听到过这个传闻，接着躲躲闪闪的话语中分明表述着自己极有可能是这支犹太人的后裔。

　　小维纳简直不敢相信自己的耳朵。怎么会呢？他完全不能相信。他清楚地记得，那年夏天祖母和表姐奥尔加去他们家时，表姐曾当着维纳母亲的面儿告诉他，他们都是犹太人。而母亲当时马上就反对她的话，断言这话和维纳没关系。维纳记得特别清楚，他也深信母亲的话，没有任何疑虑。而且，父亲从来没谈论过自己是犹太人啊？面对人们之间对犹太人的反感，母亲的态度也十分明朗，厌恶犹太人的狭隘自私和许多恶劣"本性"，父亲也明明赞成母亲的立场啊。怎么，他们会欺骗他的儿子？他们竟然能欺骗他们自己？这不只是欺骗啊，还有诬蔑和谩骂！

　　如果真是这样，难道自己就是被众人不屑一顾、嘲讽轻视的那个可怕种族中的一员？多么可怕啊！以后自己可怎么办呢？

　　维纳暂时稳定自己的办法只有一条：不相信！

新学期开始了，维纳却难以把心思聚在功课上，把自己的民族弄清楚才是最重要的。他求诸书籍，在百科全书中他较全面地了解了迈莫尼迪斯，但以后的线索却不甚分明。他又多次和蒂利交谈，这位老教授把他听到的传闻，以及他掌握的"佐证"材料毫无保留地提供给他。维纳还尽其所能地从别人那里求得反证，而一切的一切，都证明他是犹太人的后裔。

断定这一点，他的思想几乎垮了下来：父母都不可相信，人世间的真诚根本不存在，自己的信仰、信心和一切良知此刻都化为乌有，外界的层层压力和不公平……他甚至觉得，没有勇气生存下去，也没有必要活下去，一个空壳活在世上，何其凄惨冷酷！

无意中他还发现，母亲的姓氏卡恩（Kahn），实际上是科恩（Cohen）的同源异体字，而"科恩"是犹太族的传统姓氏。难道这就是母亲一家？

对这一切"心得"，他又必须藏在心里，与同学们交往时，偶然有人提到"犹太人"的字眼时，他就尽量回避，实在避不开的他一边在心里为犹太人鸣不平，一边还要在行动上和反对犹太人的人保持一致。维纳那颗信仰真诚的心就这样在人格的分裂中煎熬着。

本来想到康奈尔大学这个新环境中充分地发挥自己的潜能，而且在此前心绪已有好转，谁会料到，父亲和蒂利教授间的随意谈话，又把维纳的心理空间搅得阴云密布。他在痛苦之中消磨着时日，试图破译父母的心理。但是，愤恨和对立的心态让他难以平静下来。

　　随着时事的发展，世界范围内的排犹运动愈演愈烈，在这样艰难的处境中，维纳也不得不假装自己是非犹太人，虽然这样办带来内心的痛苦，却也带来很多好处。对自己的"无意识"行动的反省中，维纳渐渐地理解了父母隐瞒身世和自我欺骗及骗人的用意，同时更体味到，他们隐瞒的良苦用心——不想让儿子在别人歧视的目光中生活，想让儿子过与常人平等的生活。

　　想到这里，维纳深感世人反犹的行动是不公平的。他开始努力从另一角度看待自己的出身。虽然可以这样解脱一下，但是心灵的伤害是难以在短期内痊愈的，而现实的不公正又时时迎面而来，让他生活得益发艰难和复杂。

　　与哈佛那一年的生活相比，维纳的苦恼更多地源于他自己的思想。因为自己的思想状态不好，所以在对外交往上就尽力避免扰攘，少交朋友。学习哲学，毕竟不同于生物学那样需要手脑配合，加之维纳智力的出众和早年的学习，所以，在学习上他不落人后，也就没有谁轻视他。

在心境不佳的情况下，他仍然坚持尽最大的努力开阔视野，广览博学。除了学习哲学专业的必修课以外，他还选学了17世纪、18世纪的英国古典文学、复变函数理论等课程，在对新知识的学习过程中，平衡自己的思想，淡化忧愁情绪，他想要不借助外力的帮助，通过自己的努力改变现有的处境。

总的来看，维纳在康奈尔的学习，与父亲所希望的程度相差甚远。转眼一学年就要过去了，因为蒂利教授难于从维纳处获得什么具体情况，所以，父亲对儿子的状况也就摸不太清楚。

正巧赶上一个短期假日，这之前，父亲捎信来，希望儿子趁机回家住几天。维纳知道父亲是什么用意，他又实在不想欺骗父亲。他早就在心中盘算好了：回家以后，把这一年来的实际情况如实地说出来，求得他的谅解。并向他保证，自己现在的状况越来越好，以后的学习和生活各方面都不必担忧。

确实，在这学年将近结束的时候，维纳反省了离家之后的这段"自由生活"，觉得自己没能很好地把握住。他感到愧对父母的一片心意，没能抓紧时间获得更多的知识。他暗自设想，下一步一定要在深钻专业课的前提下，更多地学习其他知识，尽快地丰富自己的学识。

想到这些，维纳从心底感到自由和独立的美好，他对未来充满了信心。

他万万没想到，父亲听了他的状况汇报以后，虽然没当场发作，却表现出明显的不满。根本不再信任儿子的任何解说，甚至没有耐心听下去。维纳预感到一定又要发生什么事了。他又奇怪，几天的短暂生活，父亲没把"心里话"直接说给他。

果然，回到康奈尔不久，他接到父亲简短手书："既然不能获得下一年的奖学金，没有办法，我决定你下一年转入哈佛哲学系。"

既在意料之中，又感到出乎意外。读着父亲这简短的手书，仿佛感到父亲就严肃地坐在自己身边。维纳心酸的泪水含在眼中，无从诉说，不敢反抗，怔怔地站着……

又一个黑色的夏天随之到来。

1911年夏天，美国的经济危机已经十分严重，通货膨胀，工厂商店倒闭，人民生活日益困难。维纳的父亲作为一名大学教授，虽然没直接面临着失业的危险，但是工资涨幅明显滞后于物价的涨幅，相对之下，经济状况越来越不景气。加上一家6口人，孩子们越来越大，经济支出日多，生活水平逐渐下降。

这次，他们主要是出于经济上的考虑，举家搬到新罕布什尔州坎布里奇郊区的一个农舍里。那地方三面环野，只有一面有座荒芜的小山，景色平平，更没有什么吸引人的遗迹。甚至，在那周围散步也难以使人心情舒畅。

回到家以后，维纳才亲身体会到父亲支撑全家生活的艰难，心里时时为自己不争气而惭愧和气愤。在这样的背景下，他也提不起精神读书。就"自作主张"，想找点有报酬的活儿挣些钱，以便贴补家用。他在村庄周围游荡着，因为大家的生活都不宽裕，加上这里不发达，所以找工作的机会很少。这样一来，在父亲眼里，他只知道闲逛，什么事也不知道考虑，有时候就很生气。常找一些活儿让维纳做，维纳的心思又实在难放在这些零活上，结果常常很糟，父亲生气，维纳也是郁郁不乐。

不久，母亲把家中的一个"重任"委托给他做。由于家庭的经济状况，家中已不再能雇保姆来帮助干家务活儿了。这就需要人们都放下往日主人的架子，都来承担一部分任务。父母都认为，把小儿子弗里茨交给维纳，让他帮助弟弟"学习"很合适。

这时，弗里茨还不满5岁。维纳的父亲常自信自己在大儿子身上施行的教育是绝对成功的，此时，他也想用同样的方法去教育小儿子。维纳曾对父亲把他的"超凡"成长完全归于自己的教育深感不服气。其实，父亲应该有一些警醒，因为他对两个女儿康斯坦斯和伯莎的教育，就实难达到预期愿望，但是父亲并没太在意，他把一切都归因于她们是女孩子，不适于做艰苦复杂的脑力工作。

父亲需要为家事操劳，维纳已经长大了，作为父亲教育实验的成功范例，当然成了父亲对小儿子继续进行实验的最佳助手。

没有别的办法，维纳勉强接过这个"重任"。让他难以忍受的是，父亲在坚信弗里茨能够成功的同时，必须强调维纳智力的普通性，这样才能显示其教育措施的优越。维纳在行动上需要被动地付出，在心理上受着压抑和打击，所以，他只是应付局面，没有兴趣关心弟弟的成长。而且维纳觉察到：弟弟的进步将全部归功于父亲的"教育模式"；他缺点的方面，将全部记在维纳账上。他又实在同弟弟合不来，在父亲的眼里，唯弟弟第一，这更加强了他们之间的隔阂。他同时也发现，弟弟的智力水平很一般，而且性格特别脆弱，缺乏毅力，估计他不会有什么太大发展。

"教育"弗里茨，牵扯维纳很多时间和精力：他不能有大块时间不受干扰地看书，他没有机会走出家庭去结交朋友，甚至连到野外散步的时候都很有限。他敏锐的思维整天被弟弟那些无足轻重似懂非懂的问题缠绕着，感到十分无聊和疲惫。却又不敢公开向父母提出意见，也不敢在背地里把弟弟怎么样，他发现，父亲几乎对这个小孩子的话深信不疑，为此，他有时还必须小心地对待弟弟。

终于有一天，维纳实在忍受不了这种平凡琐屑的生活了。他偷偷地找到母亲含混其词地说明自己的心意：打算自己到另外的一个地方去生活。

向母亲透露心迹，是在他多次鼓足勇气之后才办到了。他也料到母亲不会答应他，而且，维纳自己也确实没有信心到外边能独立地生活，他只不过是出于极度的无奈。

听维纳说要分居另过，母亲十分惊讶，她怎么能同意这样"和睦"的家庭分裂，所以，她断然地否定了。并且还明确告诉儿子：这条路绝对走不通，如果他非坚持不可，那他最终也会走向困境的，那样一来，他将会更加狼狈。

维纳不再有信心坚持自己的主张，他只得暂时和家人一起"同舟共济",急切地盼望着新学期的到来。他坚信,自己不会放过下一次机会;经过这一段生活,他也更体会到学术生活的高尚和纯洁。此刻,他无意沉湎于过去,只是暗暗地设计着下一步。他警告自己,要排除任何障碍,实实在在地走路。

1911年9月,将满16岁的维纳又一次走进哈佛校园。一年以前在哈佛的某些不愉快经历,他还记忆犹新。这次的维纳却较那时明显不同了:不顺畅的生活经历让他进一步成熟了,所学的哲学专业不会再像当年学生物学那样给他带来麻烦,而且,他这时是作为哲学博士候选人的身份回来的。他父亲的许多朋友都将作为他的教师,他们用殷切的目光关注着这个"孩子"的成长,当然会给维纳带来许多方便。

当年的哈佛大学哲学系,在学术领域呈现着一派繁荣景象。那里不但有蜚声国内外的著名哲学家、心理学家罗伊斯和明斯特伯格,还有杰出的哲学家和心理学家帕尔默,哲学家和作家桑塔耶纳。他们每个人几乎都是各自研究领域内的佼佼者,哈佛一时成了全美哲学界的中心,这里也更是美国学术界展望世界、参与世界的最佳窗口。

来到这样的学术殿堂,维纳感到既轻松又惬意。他尽力排除头脑中的一切闲情杂念,全部精力都投入到对各哲学问题的探索之中。他给自己制订了一个不成形的学习计划:要在选修各位教授的课以前,通过阅读他们论著的方式,对他们的哲学主张有个大概了解,最好能达到重点把握,然后,择其精华深入学习,并努力做到把他们横向联系,以便发现他们也必然有的"缺陷"。

一个人能设计自己,证明他已经在走向成熟;而且也只有自我设计,才能增强信心,自觉地约束自己,有兴趣而专注地投入到目标之中,从而做出最大成绩。

维纳那样安排自己的学习轨迹,同时也踏实地实践了。他广泛地阅读自己认为重要的著作,并还不断地从父亲和其他人那里接受信息,拓宽阅读视野。当他带着"疑点"进入那些教授的课堂时,他一方面觉得学起来驾轻就熟,自己的疑难问题迎刃而解。更有益的,他几乎采取一种俯视的姿态参与到学习中去,这样既能对新知识充分地理解和掌握,更能发现朦胧中的这一研究课题的大致走向,从而大大激发了他的想象力和继续探索的兴趣。

他对课程的学习,不只是注重知识的理解和掌握,更对自己的思想有"振动"作用的东西感兴趣。

多年以后,他回忆桑塔耶纳的课,还深刻地感受着那

"继承一个古老文化的感觉,哲学是生命或艺术以及精神的固有部分的感觉"。

其实,就一个人接受知识来说,这种震撼心灵的东西是十分可贵的。学习的过程,就是一个知识储备的过程,更是学习者本人自我优化的过程,而且两者相辅相成,也就是人们常说的,人不但要有学识,更要追求美好高尚的学德。一个人想向高层次发展,这点是万不可少的,不只是哲学,而是"生命"和"精神"的"固有部分"。

这一点,从维纳不但注重学者著作,也重视学者本人上更可以看出来。他谈到著名哲学家拉尔夫·巴顿·佩里时说,他的作品"有一半是一团乱糟糟地被误解了的名词,文章的风格只够得上大学二年级的程度",但是,他"仍然记得他具有一种杰出和迷人的个性,是个美国自由主义的伟大而可敬的人物"。

维纳就这样,努力从把握一个人和他的学术特点着手,去把握一门课程,一门门课程最后叠加起来,就形成了他对整个学术界的清晰印象。

维纳这种"认识"能力十分突出。例如他对亨廷顿教授的"认识",首先从人入手,说他是一位挺好的能体贴人的老师,学术上他有杰出的才智和创造才能,但是因为他在学术领域内视野太低，没有雄心壮志，所以耽误了他所能够作出的巨大贡献。

从别人那里总结经验，作为自己前进的经验，维纳就这样开明地审视着别人，规矩着自己，吸收吐纳，走在学术的征途上。

获得新知识的劳动是让人愉快的，维纳沉浸在知识的海洋里，心境开阔明朗放达乐观，过去两年多时间阴暗凄凉的经历，终于成了生命的一种必要风景。

1912年，17岁的维纳获得了硕士学位，这为他即将获得的博士学位奠定了较坚实的基础。

学习的同时，维纳用与过去不同的成熟了的"童心"感受着闲暇时光的快乐。

他兴致勃勃地参加了本地的阿巴拉契亚爬山俱乐部。俱乐部有一项常规活动——星期六远足旅行。他兴奋地跟随着一群男女老少运动员集体行动。成员们都身体健壮，精力充沛，乐观向上，大家友好相处，在登山时互相帮助，亲切交谈。维纳在这样的集体里感到心情舒畅，又锻炼了身体，颇有心情地体味着这种有益有趣休闲的娱乐之妙。

他还常和父亲一起去爬山。他发现父亲那过去一向不以为然的高山，现在表现得底气不足，有时甚至没有勇气去，即使爬上去了，也累得很。以前沉重的旅行物品，一般都由父亲背着，维纳当时多么羡慕父亲健壮的身体。可如今，一些沉重的旅行物品或者割爱不带，或者由维纳背着。他发现父亲老了，这是他以前没想到的。从父亲蹒跚的脚步和略驼的脊背上，维纳明显地感到生命的无情和凄凉。他从心底感到，仿佛自己欠父亲的很多很多，他深深地震惊于自己对父亲竟有那样强烈的带有怜悯意味的爱。

自从塔夫茨学院毕业以后，他一直没有心情沉浸在读书的美丽中，他又是多么渴望那些自由自在的读书生活。重返哈佛以后，他终于如愿以偿了。

仲马父子和吉卜林，是维纳从童年开始就热衷的作家，对他们的作品真可谓百读不厌。对斯威夫特，他以前没有什么太大的好感，现在，他竟准确地从中领略到了那辛辣的讽刺是"一剂健壮的补药"，体味着成熟的那种厚重感。海涅是维纳父子共同喜欢的作家，他们常常共同沉醉在诗人的激情之中，饱享一代大家的艺术魅力。希伯来语是他们犹太人祖先的语言，他们仿佛从熟背的《希伯来曲》中听到了祖先的脚步和歌声……

以前维纳看书，可称之为"览"，现在的他却在"品"，他感兴趣的作品，往往不厌其烦地看了一遍又一遍，深切体会其中的韵味，甚至"嚼"到每一个字。正像后来他自己所说："凡是我看过和喜欢的书，我都牢牢地记在脑海里，让它变成我的一个组成部分，永远不会丢弃。"

1912年下学期开始了，维纳觉得有必要收束一下心思和行动，尽最大努力，用一年时间拿下博士学位。

他决定把罗斯教授主讲的数学逻辑学作为博士论文的写作方向。令人十分遗憾，维纳选修这门课不久，这位教授的身体状况急剧恶化，后来实在难以任课。接替罗斯的是塔夫茨学院的卡尔·施米特教授。好在施米特的数理逻辑水平也很突出，才没动摇维纳的打算。

像一般情况那样，施米特先生也给维纳指定了一个主攻课题，即以奥地利理论物理学家施罗德的相对数代数，同怀特里德和罗素在这方面的研究进行比较。面对这样的论题，维纳觉得问题不大，许多工作都是资料性和形式性的。虽然他对博士论文的成功比较有把握，但是，论文之外还有两道难关——笔试和口试，维纳却心中没底，尤其口试这关。

果然像他料想的那样，论文很容易地达到了"要求"，笔试就遇到一些麻烦。流动人员在那里一监视，他就很难集中精力答卷，加之任务性试题，常限制他的正常思维，答题效果越不好，他心里就越烦躁，结果也就越发不令人满意。一项接一项地进行着，每一个下项都比上一项更糟，到后来，他真是怀疑自己能通过这关。好在老师们不只是注重卷面形式，更重视以往的"印象"，他终于通过了笔试。

而口试这关，维纳几乎不敢想象。考生需要到每位主考教授那里接受考问。他父亲在这上边帮了许多忙。父亲一方面想方设法地放松儿子的紧张情绪，保持他饱满的情绪和旺盛的精力，使他走出封闭的恐惧，直面现实。同时，父亲还常在和儿子散步时出一些考题，引导他对这种口试方式尽快地适应，排除他的心理障碍，同时也在实际知识上给他以指导。最后，为了万无一失，他走访了许多主考教授，努力摸清他们的考察意向。

尽管经过了这番比较充分的先期准备，但是维纳一真正面对这些"主考官"的时候，还是异常紧张。无论这一位位教授怎样和蔼地引导，维纳也难以放松下来，以至于平日谙熟于心的特别简单问题，他也支支吾吾地答不上来，即便答了，也几乎是思维混乱，言不达意。

维纳后来回忆说："每一次我都是在神思恍惚之中度过的，几乎不明白自己是在怎样的表述状态中混过的。"

好在教授们对这位未来的"孩子博士"先期印象很好,谁又都不想让自己的学生毕不了业,所以,大家高抬贵手,宽容地看待维纳的不良现场发挥,让他通过了口试。

其实,在口试之后,还有获得博士学位的极其重要一关——论文答辩。但是,一旦有谁达到了这一步,就证明他基本上完成了主考者们指定的任务,即获得了教授们的承认,所以论文答辩一般不会出问题。

1913年夏初,经过近一年的精心准备和痛苦波折,维纳终于获得了由哈佛大学校长厄洛尔签发的博士证书。他终于胜利了,这博士证书是他光明正大地走进学术殿堂的通行证。年仅18岁的维纳,深切地体味着这用心血和汗水换来的胜利之不易,他的心中荡漾着深沉淳厚的喜悦。

艳阳明媚,喜讯飞来。不久,他又得到了一个好消息,他在哈佛大学最后一年申请的旅行奖学金被批准了!而且有两个地方可去:剑桥大学和图林大学。

维纳知道,哲学界大师罗素正在剑桥执教,是那一领域的霸主,因此,他义无反顾地选择了剑桥大学。

英姿勃发乱世游

对维纳来说，1913年夏天的暑假是短暂而愉快的。他们又搬回到新罕布什尔的山区居住。在大自然美好的景色中，放目远望自己未来的人生之路，他青春的热血在沸腾。一切的不愉快都过去了，此刻他一身轻松。他那年轻健壮的身躯，想走就走，想跑就跑，想征服哪座山峰，那山峰马上就会被他踩在脚下。思想是轻松愉快的，身体是柔韧健康的，仿佛旺盛的生命力同葱郁的自然融为一体，共同谱写着生存和年轻的美丽。

在家庭中，父母也没给维纳什么任务。儿子大了，哈佛大学毕业的哲学博士，又将马上远游英国求学，这一切既是儿子的成功，也更是他们做父母的成功。回想起过去的一些事情，他们觉得，在有些地方对儿子太过苛刻了，仿佛是一种歉意的表示，他们把家中的许多杂事都包揽了，给这只即将远飞的小鸟一个轻松的假期。

维纳也渐渐地体谅到父母多年来为自己操劳的艰辛，他暗暗地下决心，把亲人们的爱心化做不尽的力量，在将来做出更大的成绩,去好好地安慰他们。

他主动地承担起家中取邮件和牛奶的活儿。在决定去剑桥以后,他努力先同罗素取得联系,所以,远方的来信是他极其盼望的。因为他们的住地偏僻,每天都要步行 2 英里路,到距家最近的邮局去取。虽然常空手而归,但他不觉得有什么懊丧,他坚信,那令人振奋的信息明天就会来。希望是团不熄的火,它让夜中的行人永远坚强地走下去。

即使没取到邮件,他也会有收获:他们在离家很远的,去邮局时路过的那个农庄定了每天用的牛奶。维纳每次从邮局返家,顺便取回奶。全家用的一大桶牛奶,就这样由他穿山越岭地徒手拎回。虽然每次都特别累,可他并不觉得这是个任务,仿佛那是锻炼身体的最佳运动方式。

学习方面,维纳每每记在心上,但是这个假期,他为了恢复一下体力,决定不在这上面耗费更多精力。他只在亨廷顿教授的建议下,系统地阅读了博歇的《近世代数》,维布伦和杨格合著的《射影几何》,以便有利于接受罗素的教育。

正在维纳偏居一隅、养精蓄锐、想越洋深造的时候,世界局势已经十分紧张。欧洲的巴尔干半岛,战火一再燃起。1912年10月爆发的第一次巴尔干战争,以巴尔干盟国胜利,奥斯曼帝国几乎丧失它在欧洲的全部领土而告终。但是战火并未因此平息下去,1913年7月因塞尔维亚、希腊和罗马尼亚在马其顿领土分配问题上同保加利亚发生争吵,第二次巴尔干战争又爆发了。

面对当时世界这样动荡不安的局势,父亲对儿子的越洋远行实在不放心。尽管维纳十分急切地想一步踏上英国的土地,但时局艰难,也只得把行期向后推延。

父亲最后决定,为了送儿子远行,也为了自己亲自到德国去实现久存于心中的一个愿望——做一个标准的德国型学者,他和妻子毅然决定,和儿子一同远行欧洲,全家到欧洲去过冬。

远洋航行,到一个令人神往的地方去,总是让人十分愉快的。虽然航程不同,但是,维纳不会忘记12年前的1901年那次举家欧游。心情同样的明朗快乐。但再想一想这十几年的身边事,变化可说是太大了!父母已经明显地苍老,一双弟妹已在渐渐长大,自己的经历更是曲折——那些昔日的玩伴们今天都在何处?那个弹钢琴的姑娘如今还好吗?那些鄙视自己做生物实验的"大学生"今天还会那样吗?还有那令人忧心的"犹太"之虑,那博士口试场面的大汗淋漓……

转眼十余年，几多人世沧桑之感！转眼自己已经18岁了。任凭航船在广阔的海面上悠然地前进着，任凭那一轮轮波浪迎面滚来，任凭如当年自己那样的孩子们欢笑着、吵闹着，都难以触乱他的思绪。

长大了，多么美丽和甘甜，却又生出失落凄凉和无奈之感。

站在船头的甲板上，遥望那海天相交的远处，旭日的光辉在海与天那无缝隙的融合中沁出醉人的鲜红。颜色越来越艳丽，越来越光亮。维纳受着这自然之神的鼓舞，思绪飞扬，远望再远望，仿佛要用自己那近视的双眼望穿眼前的一切，自己轻灵的身体由此穿越海天的阻隔，马上飞落到承载着自己希望和梦想的土地上。

终于登上了英国的土地。一家人先到达布卢姆斯伯里，之后，由父亲送维纳去剑桥，此后，一家其他人将去慕尼黑过冬。

父亲走了，此刻，他望着父亲远去的微驼的背影，无限感激，无限依恋！

他一改往日不爱说话的脾气，先和房东老太太搞好关系，积极地帮她干些力所能及的活儿，主动地说话，拉近彼此间的关系。

对外面的世界，他实在陌生。于是，趁开学前的那几天，他拿着一张城市旅行图，一个人四处乱转，熟悉着城市的建筑和其他情况。不但人们的面目是陌生的，而且，有些人所操的口语他也听不太清楚，碰到什么事，比方说问路，他也需要自己硬着头皮，和对方艰难地周旋。父亲在身边该有多好，什么也用不着自己。一碰到难办的事，他常想起父亲。亲人们都在遥远的德国，万一出了什么事怎么办？如果自己有病了，谁来管呢？他很害怕，心理不时被些不祥的想法笼罩着。

转了几天以后，他发现这城市也没有太突出的地方，人们的素质也并不很高，与自己曾设想过的差远了。剑桥大学一定会很好吧，有些失落的同时，他只有这样地希望着。

一开学，维纳就深切感到，这里的环境和哈佛大学有着明显的不同。最显著的，也是最让他感到高兴的是，这里的同学们都很热情，没什么排外思想，而且，尤其能接受别人的思想，以一种宽容、开放的心态对待别人。他还发现，这里的同学们能充分地表达自己的思想，在应付复杂事情上受过良好锻炼，表现在社交上，特别容易让人接受。

维纳的思想障碍排除了,他没想到自己能这么快就和同学们那么默契。在别人的介绍下,他也参加了许多俱乐部和社会团体,在其中享受着那份自由和尊严。他意识到自己在这方面的缺陷很大,其实他早就有意在这方面锻炼自己了,但是以前不能,只有在这里,只有这样的环境,才不至于让一个内向的人,刚刚把心门打开,就被一些狭隘的心理和蔑视的眼光又给推着关上了。尊重人和被人尊重都同样地美好,维纳以前无论如何也没这么充分地体会到这一点。

对剑桥大学的学者们,维纳也发现了他们身上葆有的一种特色:隐士风范。与许多别的学校的老师不同,这里的先生们,一般都能甘于自己的寂寞,相对地归隐于自己那方天空里,默默地潜心钻研学问,不去奢望政治,也很少为名利操劳奔波。仿佛正是在他们那里,把这一职业的光彩给予了充分的张扬。

维纳此次来剑桥大学,主要是从师于罗素专攻数理逻辑和数学哲学。在学习导师布置的大量课程的同时,他还选学了许多相关的课程。罗素就曾建议他,为了更深入地研究他的主攻课,最好对数学进行较全面地学习。维纳那样做了，他主要学了贝克、利特尔伍德、默塞尔等教授主讲的数学课，但对他影响最大的是哈迪教授的课程。

他一向对哈迪很佩服。在他心目中，哈迪才称得上是一个纯粹的数学家，为了维护数学的"尊严"，虑及当时世界的形势，他毅然放弃了生活上的奢侈享受，而拒绝接受把数学反应用于军事和商业用途的世俗偏见。为了学术的神圣，他宁可过着艰难的生活。

哈迪的授课，对维纳的影响也极大，维纳回忆说：

> 他从数理逻辑的基本原理出发，通过集论、勒贝格积分理论和实变函数论，然后引出柯西定理，以及复变函数论的一个可以接受的逻辑基础。

对他特别注重逻辑推理的严谨性这一点，维纳也十分赞许。后来，维纳回忆哈迪的课时，深情地这样说道：

> 凡是我以前学习这门课程在理解上有不清楚的地方，这次都得到了廓清。在我所有听数学课的年代里，我从未听过其他人讲的课，能像哈迪讲的那样清晰、有趣和发人深省。如果要我讲出

谁是我数学训练的老师的话,那就是哈迪。

维纳对哈迪的课特别投入,但是,这种投入又不是机械地吸收。从恩师智慧的讲解中,他充分而贪婪地领会着数学这一学科的精髓,积极调动自己卓越的想象力和敏锐的洞察力,他试图在接受新知识的同时,能有所发现和创造。人在强烈的求知欲、饱满的精力、勃发的兴趣和激情的支配下,常使自己处于纤尘不染的圣洁心境的控制之中,也正是这样的心态,才是灵感产生的最佳土壤——他能洞穿一切假象的硬壳,他能扫荡一切老化的成分,把目光直指事物的本身,从而更进一步廓清关照对象本身,最终凝结成智慧的硕果。

恰恰是在这样美好的状态中,维纳有生以来的第一篇论文发表了,刊登在剑桥大学出版的《数学信使》杂志上。像别人一样,看见自己的作品发表,维纳心中无比激动;是成功的喜悦?是得到社会承认的自尊?是超越常人的虚荣?是战胜旧我的欣慰?都不是,又都是。"处女作"的问世对他的震动无疑是极其强烈的,这让他惊喜,让他满足,更让他对未来充满信心。他一遍又一遍审视着这自己心血的结晶,心绪渐趋平和,他分明地感受着收获的美好，更包含着对未来走向的确认和执著。

维纳来剑桥，主要是想从师罗素，跟他学习哲学。万没想到，导师罗素的一个建议，竟让他有幸遇见了另一位大师哈迪，并获益匪浅。甚至在多年以后，他把数学当成了主业，这不能不说与本阶段的深入学习有十分直接的渊源关系。

维纳兴致勃勃地跟随哈迪游数学王国的同时，他当然也没轻视罗素先生的课程。先生的课同样十分吸引人，他开始对逻辑论有了较全面的把握和比较深入的领会。维纳在学习上从来不机械吸收知识，而是能灵活机动地学以致用。比如这阶段对数理逻辑的学习，就很大程度地深化了他的哲学思考。此时，他已经能站在更高的哲学视点上，考察以前的某些学习"成果"，并且，他清楚地发现了自己博士论文的缺点，还深感惭愧。

不久，他又有感而发，写成一篇数理逻辑方面的论文，发表在《剑桥哲学学会会刊》上。对这篇论文，维纳一直比较满意，虽然在当时没能引起更多人的充分重视，包括罗素在内，但是，维纳本人却深知它在那一领域的某种开创价值。正是基于这一点，他并没因为作品受到冷落而气馁，虽然他当时才只有19岁。

我们常说，认识别人不易，认识自己更难。然而，只有突破了这"更难"的认识自己，你才能眼界放开，信心十足，不为外面的喧嚣言论所影响，真正走自己的路，也才更容易走向成功。

维纳就是这样一个人，他不但能看清楚别人的本来面目，他也能清醒地审视自己。在这点上，他几乎从不妥协，有时甚至近于"顽固"。为了坚持自己的观点，他竟敢于和名噪当时的哲学大师，自己的导师抗衡，他不但和导师争论某一哲学问题，有时还达到十分激烈的程度，几乎发生了"摩擦"。为了表明自己的观点和罗素先生不同，他还公然在当时的《哲学、心理学与科学方法杂志》上发表论文，而这个杂志的主张正是罗素派所极力反对的，以罗素为首，他们称这个刊物为"假道学"。

况且，罗素派在哲学上主张放纵主义，宣扬个性，以"浪子"风范自居。他们几乎不允许有谁站在自己的对立面反对他们，更何况是自己的弟子呢？

但是，大师毕竟是大师，学生毕竟是得意学生，摩擦归摩擦，还是不会影响师生之间至真至诚的交往，学生尊敬先生，老师爱护弟子，而学术上的切磋不影响真情的传递。他们谁都不希望，因这感情的因素而抹杀了科学的真理性。

在独立思考的同时，维纳也充分地认识到罗素这位哲学大师的伟大，他尽情地饱享着恩师智慧的果实。除了数理逻辑这个领域之外，他还从老师的讲授中意识到量子理论对未来的重大意义。这是维纳在这一时期的两个重大收获。

同时，维纳还有一个重大收获，即在社交方面。当时，英国文化界很活跃，许多文化名人，常以自己为中心，定期聚会，一起讨论问题，一起娱乐。在罗素的圈子里，也有这样的活动。每星期四，晚上聚在罗素家，所以称为"星期四晚会"。这个晚会，在当时特别有名，许多人都以能入这个社交圈子而感到荣耀，年轻人也确实从中大开眼界。参加晚会的人之中，罗素的名声自不必提，其他的人也都是时之俊杰，而且各学科都有，人数众多，空气十分活跃。

作为罗素的得意门生，维纳当然获准加入这个名人团体之中，而且还深受大家重视。来剑桥之前，维纳的社交水平十分有限，一到英国，他发现这里特别适于胆怯的自己提高社交水平，因为每个人都尊重对方的发言。罗素的"星期四晚会"，气氛活跃而自由，每个人又都放纵不羁、不拘小节，这让维纳羞怯的言行得以放松。加上自己的特殊地位，他的社交水平明显提高。他理智地感觉到，这是个十分巨大的收获。

转眼到了1913年年末。12月份，他动身到慕尼黑去，打算同家人一起欢度圣诞节。这时，他惊讶地发现自己在社交上的巨大进步：不必再为买票等琐事犯愁；他的谈话常能引起身边陌生人的兴趣，不约而同地彼此交谈起来；每当麻烦到别人时，他几句谦虚而适中的表达，让对方很乐于接受，往往顺利地达到自己的想法；虽然去慕尼黑的路自己不熟悉，但他心里并不慌，对方的语音听不准也没关系，因为人家毕竟尽力告诉自己了。这一切的一切，维纳感到了与人接触的微妙和美好。在对具体事情的处理上，他尝到了自立于世的味道。火车匆匆奔跑在去父母家人的路上，一边想念着亲人，一边回忆着自己这一段的生活，一边望着窗外的美好景色，维纳深深沉浸在人生复杂的变幻中。

只有短短的半年时间，自己所经历的是多么丰富啊：他还没忘记父亲那略驼的"背影"和自己初到剑桥的孤苦寂寞，他更清晰地记得师生们那独特的言谈和装束给予他的第一次震惊，他将永远记住众恩师对他在学业的精心呵护，尤其"星期四晚会"上给自己的机会，还有自己清楚地把握到的自己在数学和哲学上的长进……

所有的一切，维纳应该激动，而此时的他却异常平静，他细细地思考着品味着，复杂的感情如春雨般淅淅沥沥地浇灌着一颗走向成熟的心。这种激动，不再是幼稚的几分钟热血沸腾，而是深刻的回味和永久的铭记。是人意识到自己成熟的最佳状态。

来到父母身边，维纳才了解到，家人这一段的慕尼黑生活并不太如意。主要是父亲，他的语言学水平和成就并没有得到德国学者的充分肯定和认同，而他父亲的理想是成为一个模范的德国型学者。这种反差，让父亲形成一种不正常的心理状态——几乎是一种"恨"。当然，他不会停止进取的脚步，整天钻在图书馆里，试图取得最后的胜利。

儿子维纳的归来，对父亲来说无疑是件赏心乐事。在陌生的受人排挤的环境中，亲人的到来自然增强了自己的"后劲"。父亲惊喜地发现，儿子真的有了很大的变化，他简直难以相信孩子的成熟是否是真的。再提出问题的时候，儿子已不再只是没好气地"顶牛"，即使不同意自己的主张，他也能较好地表达出来，既说明了观点，又不伤和气。父亲在儿子身上分明发现了一种难得的大家气派——宽容、理智、认真。

每当外边有什么活动，父亲常愿意领着他去参加。维纳隐约地感到，父亲好像要让自己在众朋友面前亮相，以便证明着什么。不可否认，其中有炫耀的成分，又不单纯是为了炫耀，大有"父假子威"的味道。

1914年1月，维纳又返回剑桥。这次，他对周围的环境已经十分熟悉和适应，他打算集中精力，运用一段时间集中而充分地学习和研究哲学、数学上的一些问题。他开始为著名的剑桥哲学学会写第二篇论文，想用罗素"数学原理"的语言来描述质量级数，为此，他专门拜访了正执教于伦敦大学的著名的怀特黑德教授。

有一天，导师罗素把他找去，告诉维纳，他已经接受了哈佛大学的邀请，到那里去讲学，而且时间不会太短。这个消息，让维纳很吃惊，它打乱了维纳的计划。最后，罗素建议他到德国的哥廷根大学去，那里有杰出的哲学家胡塞尔教授，和数学家希尔伯特以及兰道教授。

恩师已经越洋远行。无奈，维纳于1914年4月又登上了返回慕尼黑的火车。这时，寂寞的父亲已经返回美国，母亲领着弟弟、妹妹们艰难地撑持着。在家度过了几个星期不愉快的日子以后他顺利地进入哥廷根大学。维纳常怀着感激的心情回忆剑桥那段短暂而美好的生活，因为，即使面对哥廷根大学这个新的环境，而且各方面困难很多，但是，他都能够理智地解决。父母不在身边，他要自己闯天下，他有这个勇气。

1914年，欧洲大陆的火药味已经十分浓重，德国的好战分子正待机而动。与此同时，排犹浪潮越卷越高。就是在这样的艰难情况下，维纳这个犹太学生混迹其中。他积极参加同学们频繁举行的酒宴集会，作为美籍学生，他们有自己的侨民俱乐部，在其中大家都尽量放开自己，维纳也同别人一道享受着那份难得的自由。

遵从罗素的建议，他选修了兰道的群论课，希尔伯特的微积分方程课，以及胡塞尔教授的康德研究。他从这些教授那里获益匪浅，对他们学术和人格上的伟大之处，维纳十分赞服。

当时的哥廷根大学，有个出名的数学学会，还配有一个很先进的数学阅览室。在这两个场合，维纳都十分活跃，他一面深入地自学，一面把一些问题拿到桌面上来，和同学进行激烈的辩论。在默默地钻研和严肃激烈的辩论中，维纳的哲学思辨和数学水平不断深化，与此同时，他深切地体会到集中精力工作的乐趣。以前的岁月，如果说有乐趣，那也只能说是接受新知识的乐趣，而从此以后，维纳更多地发挥自己的理智和想象力，在学术领域内不断拓进，享受的是创造和发现的甘甜。

工作是美丽的，其中充满无穷的乐趣。维纳此时此刻品味到，他就一头扎进了学海之中尽情地游向远方。

多年以后，他这样表述道：

> 数学这门学问，对于那些无法从中获得很大收益的人，确实是一门十分艰巨和令人讨厌的科学。这种感受和艺术家的感受具有相同的性质。把一种难以处理的坚硬材料，无论这种材料是石头或是顽石般的逻辑学，设法变成具有生命形式和意义的东西，就像给雕像以生命的雕刻家皮格马利翁一样。从本来无法看出其意义和无法理解的东西中探索出其意义，使之可以理解，这是起了一种和创造世界者相同的作用。无论技术上有多么正确，所花的劳力有多大，都代替不了这个有创造力的关键时刻。

他还说，数学是把自己的生命投入其中的一个学科。

剑桥和哥廷根大学一年多的学习生活，是维纳学术生命承前启后的关键阶段。神童年代的虚浮和混乱，从此画上了句号。人生基本定位，而且，在漫长的储备积累之后，再经过一年的点拨，基础异常牢固，前途因此也十分光明。维纳自己也不会想到，继之而来的生活竟还是那么的游移不定。

1914年6月28日，萨拉热窝刺杀事件爆发了，第一次世界大战因此点燃。这时，维纳学期生活将近结束，因为战争的危险，促使他早早地订了返回美国的船票。此后，世界局势不断恶化，各地的战争迹象都十分明显，人心惶惶。8月1日，德国对俄国宣战，8月4日，英国对德国宣战，许多国家都卷入了战争的洪流。就在德、英宣战的时候，维纳正坐在返美的轮船上。大西洋浩渺无边，船行速度也缓慢，战争的各种传闻不断如风旋起。谁也不知道这船能否准确无误地抵美，有人干脆说这船正驶向亚速尔群岛参战。

传闻归传闻，船还是如期到了美国。父亲到码头来接儿子。烽火连三月，亲情格外真，家人团聚，分外高兴。维纳惊讶地发现，美国各地也处在战争气氛的笼罩下，人们都关注着战争，并形成了反德倾向。家乡竟然也这样，维纳乞求和平的心无处安放。

维纳的学术征程才刚刚起步，就不幸适逢乱世，他担心自己的前程是否会因此而耽误。不久，他给罗素去信，问是否有必要再回剑桥，导师回信表示应该这样做——既安全，又能继续安心学习。于是，几经周折，经过漫长而艰苦的海上航行，他又回到了剑桥。

他惊讶地发现，战时的剑桥大学也是阴云密布：校园的空地上搭起了许多棚屋，临时伤病医院已经建成，大学俱乐部的广告墙上贴着伤亡人员名单，士兵操练的口号声不断传到工作室里边来，士兵到处可见，马路上已经实行灯火管制，常有身边熟人的亲属伤亡的噩耗。谁还能安稳地干什么？

不久，因为罗素是一位反战者和坚决的和平主义者，与政府倾向相反，他竟被捕入狱，最后，被开除了剑桥大学的教职，又被列入了官方的黑名单。后来，剑桥已经进入完全关闭状态。

大洋彼岸，父母不断来信催促火速返家。剑桥也确实呆不下去了，维纳怅然登上了恼人的轮船。

离开剑桥的时候，罗素建议他到哥伦比亚大学去读完这一学年，尤其向约翰·杜威学习。维纳听从师嘱，与家人小聚几天以后便入哥伦比亚大学学习。

因为以往的风气和战争的影响,哥伦比亚大学的学习和研究生活十分松散,对这样的气氛,维纳很不适应。除了杜威外,教授们的水平也让他十分怀疑。因为有这样的感觉,他便在一定程度上封闭了自己,因而也就没从教授们那里得到什么更多的东西。

有人告诉他,哈佛大学哲学系下年将聘请他去当助教,这也是哈佛哲学博士生的特权。既然外边学不到什么,他就开始积极地为从教做准备。这一段的准备性研究工作,维纳在学术上取得了两项令人遗憾的收获。

他设想用罗素和怀特黑德《数学原理》的观念和术语,创立一种公设性和构造性的论述拓扑学的方法。当时,拓扑学领域还几乎没有人涉足。维纳做了大量工作,也取得了许多实际性进展,但他迟迟没把它们发表,因为他感到这些成果与自己的设想还相距甚远。因事拖延,成果一直没能面世。后来,亚历山大·莱夫谢茨、维布伦等人把这一项工作搞成功了,成了这一学科的创始人。

对于数理逻辑,维纳早就开始研究了,而且不断有所发现,也同样因为自己的设想太高,结果阶段性成果没能更早地面世,不但影响了自己的声誉,而且拖延了总体研究的进程。

这一时期，维纳加入了美国数学学会，从而有机会与许多数学前辈们见面，开阔了眼界。但总的看，相对于剑桥和哥廷根的学术生活，哥伦比亚期间是个低谷。虽然总结了一些经验，还是把许多宝贵的机会失掉了。

1915年暑期过后，维纳接受哈佛大学教授职。独自承担逻辑学课，还教授一些哲学课。同时，他还在另一所大学——拉德克利夫学院讲哲学基础课。此时维纳才只有21岁。

与此同时，维纳参加了一项东方文化的研究工作，它是由日本的教授开设的一系列有关中国和日本文化、哲学的课程。从此，他对东方文明兴趣大增。这时，维纳结识了中国现代史上著名的语言学家赵元任，两人交情甚深。赵元任刚开始在康奈尔大学进修物理学课程，后来在哈佛大学改学哲学。他深谙中国文化，在汉语研究上极其突出。因为出于对东方文明共同的兴趣，加之两人才智相当、性情相投，他们的友谊十分深厚，而且保持了一生。

这一时期的哈佛大学数学界，因为伯克霍夫和明斯特伯格的威名远扬，加之奥古斯德、亨廷顿、库利奇等教授的研究，整体水平正不断提高，气氛也十分活跃怡人。维纳这一时期的讲座也受到广泛欢迎。与急剧升温的战争相比，维纳能处在这样的环境中，真是他本人和学术界的大幸。

可是好景不长，美国的公众舆论越来越趋向协约国一边。他在哈佛的第二学期，即1916年年初，哈佛军团这个军官训练组织在大学成立了，维纳也加入其中，接受各种军事训练。因为大势所趋，他不得不这样做，可他心爱的学术事业又搁浅了，深感未来十分渺茫。第二年，维纳没能被哈佛大学继续聘任，他暂时失业！这时，父亲又来干预他的选择，让维纳改向研究数学，四处寻找工作。

这阶段，维纳曾独自到纽约州普拉茨堡的军官训练营去谋求陆军军官的职务。他虽被允准参加训练，可军训结束以后，他并没有能被任命为军官。无奈，他又返回老家，小住之后，经别人介绍，到奥罗诺的缅因大学任职。

可是，这偏远的缅因大学一片混乱，老师们没人热心学术和教学，学生们也只是混日子拿文凭。灰心之余，维纳想振作一下自己，把目光转向独立的学术研究。可身边一片灰暗和叹息，他感到十分压抑。他只得用"游逛"和看闲书打发日子。

1917年初，美国各地的军官训练团不断扩大，维纳的心情像初春的天气那样阴冷不定。他毅然离开了缅因大学，决定到波士顿去服兵役，当不上军官，当士兵也认了。

从军的路子最终还是被堵塞了。他虽然在一个后备军官训练团里毕业，却没能受到委任。对维纳来说，1917年的夏天是那样的无聊而漫长。

战争仍在继续，哪里都容不下一张安定的书桌。维纳最后决定，以自己的所学和平民身份参加工作。通过他父亲的一位朋友介绍，他得以进入林恩的通用电气公司工作。他承担的是运用简单的数学知识，测定一些蒸气的消耗问题。因为近一段时期的天气和烦躁，加之工作的操作性，维纳感到很新鲜有趣。可是，父亲认为儿子不会在这上面有什么大出息，只当权宜之计，他不停地给儿子寻找机会。不久，他从位于奥尔巴尼的《美国百科全书》编辑部弄到了一个工作职位，主要是帮助主编莱因斯先生写一些小文章。短短时间内，维纳又从电气工人变成了文字编辑。相对于当时的其他工作来说，这份工作比较稳定和安逸，又有相当的收入。趁此机会，维纳读了很多书，因为编的是百科全书，他接触的领域也比较博杂。工作也相当努力。这阶段的工作，给他带来许多好处：身处乱世而能继续长进，文字表达能力有了明显的提高。

对编辑工作熟练了以后，新奇感渐渐减少，想到自己的前途，总觉得文字工作不是自己的主业，他心爱的数学难以长进或应用，心里很茫然。

有一天，他接到一封来自马里兰州阿伯丁试验场的加急电报。原来，奥斯瓦德·维布伦教授希望他以普通公民的身份参加那里的弹道学研究工作。难得这样的机会，去那儿工作，既可以充分地发挥自己的数学特长，又能以军事化工作报效祖国，维纳十分高兴，欣然前往。

阿伯丁虽然只是美国的一个无名小镇，但是出于对德战争的需要，这里已经建起了一个庞大的试验场，并聚集了全美许多杰出的专家学者。原普林斯顿大学的奥斯瓦德·维布伦教授已经在军械部任陆军少校。先后在这里工作过的还有布利斯、格朗沃尔、亚历山大、里特、贝纳特、布雷等许多人。

维纳在这里工作得很愉快，大家对美国的未来充满信心，都为自己能出一份力而高兴；另外，学以致用，发挥自己的专长也是一件快事。而且，身处同行大家之中，气氛和谐融洽，知识上不断得到补充。生活上也是有张有弛，令他感到津津有味。

让维纳唯一感到不舒服的是，别人都是军队的一员，军衔加身，而自己身处其间，却不是军人。机会终于来了，1918年10月，经维布伦少校介绍，他领到了入伍登记表。这样，他就要离开阿伯丁试验场，和其他新兵一道进新兵训练站接受各种训练。几个月以后，他才被调回阿伯丁。

这时，这场持续了四年的战争已经接近了尾声，不久，同盟国和协约国双方签订了停战协定，战争宣告结束。

随着战争的结束，社会运行的重点又转回了民间。维纳对自己的军人生活又失去了兴趣，为自己愚蠢的"壮举"感到惭愧。好在服的是短期兵役，只好等待退役了。

数学王国果盈枝

1919年2月,维纳兵役期满,又回到了父母身边。这时,他们家遭遇了一件不幸的事——维纳的妹妹康斯坦斯的男朋友格林不幸去世了。当时,格林正在哈佛大学执教,在几何学方面有所建树,维纳一家人都很喜欢他。作为格林的好友,维纳处在双重悲伤之中。

因为战争刚刚结束,很多方面还没恢复到正常状态,维纳没能马上找到工作;在数学研究方面,因为长时间的军营生活,也觉得有些生疏了。没想到,格林的死,除了让他悲伤以外,又给他带来了在特殊心境下的大量阅读的机会。

为了以示纪念,格林的父母把儿子生前常用的一些书,诸如沃尔特拉的《积分方程理论》、弗雷歇和奥斯古德的函数论著作、勒贝格的积分理论著作等留给了康斯坦斯。为了怀念好友,更是为了打发无聊时光,维纳一头钻进这些经典数学著作之中,反复思考,深入体会,细枝末节也不放过,可以说最后达到了对这些数学经典的心领神会。他本人后来这样表述道:"这一段学习,我第一次对现代数学开始有真正很好的理解。"

但是,维纳觉得自己不应该长时间处于这样的状态,他为自己从父母的劳动中取食而感到惭愧。为了生活,为了挣碗饭钱,这位博士生开始在战后美国不景气的状态中寻找工作。凭着编写过百科全书的经历,他得以进《波士顿先驱报》做一些工作,后来成了某一专栏的主笔。虽然生活上有一些保障,可维纳实在不愿意为政界捧场,不久被解雇。这一阶段的经历,让他对美国社会有了感性认识和较全面的把握,他那追求科学真理的心受到伤害,同时也更坚强起来。

不久,经人介绍,维纳得以进入麻省理工学院数学系任教,其时是1919年,维纳24岁。从此以后,维纳在这里度过了43年的学者兼教授生涯。借助于以前的基础,加上他严谨的治学态度、不息的进取豪情、开阔的学人胸襟、心无旁骛的专一和执著,在数学王国里,他摘取了一项又一项桂冠,为世界科学作出了令人瞩目的巨大贡献。

1913年,维纳完成了哈佛大学的博士论文,并得以发表,我们把这一年作为他学术生涯的开始。

此后,他东游剑桥求学,发表了多篇论文。有一篇关于大序数良序数问题的数学论文发表在《数学信使》杂志上；还有一篇《关系理论简化为类的理论》的哲学论文发表在《剑桥哲学学会会刊》上；为逻辑学建立一个基本公设体系构想而写的论文，发表在《哲学、心理学与科学方法》上。

在剑桥和哥廷根大学期间，他刻苦地学习了集论、勒贝格积分论和实变函数论，深入探讨了柯西定理和复变函数论，在分析数学领域打下了牢固的基础。这时，他还受爱因斯坦等人的影响，对布朗运动大感兴趣，经过学习，所得颇多。

第一次世界大战爆发以后，维纳从欧洲返美，在杜威的指导下开展工作。他试图用罗素和怀特海德《数学原理》的观念和术语构建公设性和构造性的拓扑学方法，研究已经很深入，但他觉得与自己的构想还相去甚远，没把成果研究下去。多年以后，亚历山大、莱夫谢茨、维布伦等人在拓扑学研究上获得成功，成了这一新兴数学分支学科的创始人。维纳失掉了一次宝贵机会。

一战期间，他加入了为战争服务的行列，在阿伯丁试验场负责编制高射炮击参数及其他相关工作，他使用概率论等新方法，出色地完成了任务。战后，在那些没找到工作的日子里，他除了苦心读书以外，在对现代数学有了真正理解的情况下，积极钻研，成功地用公理方法对赋范向量空间作了刻画，这一工作几乎是与巴纳赫勒同时各自独立完成的，即巴纳赫空间的发现。

从1920年维纳进入麻省理工学院任讲师开始，他的生活安定下来，一心一意搞学术，直至1930年，他在纯学术领域获得了很大收获，这是他学术生涯的第二阶段。

1920年，维纳参加了在法国召开的国际数学会议，他收获很大。此后，他的研究方向又转向了布朗运动。他成功地将勒贝格积分和吉布斯的物理思想有机地结合起来，证明了一切布朗运动都是连续不可微的曲线。在路径积分没有严格的定义之前，他在研究布朗运动粒子的统计规律时就提出了一种测度，这种测度是在柱集全体上定义的一个柱测度，现在通称做维纳测度。关于维纳测度的积分称做维纳积分。布朗运动也因维纳的贡献而称为维纳过程。

对布朗运动的研究，是维纳早年学术研究的中心，这为他以后的学术生涯奠定了坚实的基础，尤其对他后来在信息论和控制论上的成功，这阶段的研究功不可没。而且，维纳在布朗运动领域的贡献，是多年以后电气工程师们不可或缺的工具。

随着电气工业的发展,一个数学课题又提上了日程,即位势问题,维纳及时地着手研究。位势研究是一个很复杂的课题,它涉及的方面很多,如复数理论、弦振动理论、傅立叶调和分析等。经过潜心研究,维纳指出:一个内点的势与边界值的关系是一种广义积分。他给出了连续边界值函数的狄利克雷问题的解法,并得到了确切的广义群。对一般紧集定义了容度概念,并给出了著名的正则性判断。维纳在这一领域的研究,与著名科学家的布利冈齐名。

接着,维纳又在调和分析上有了重大突破。他研究了调和分析的扩展问题。这项研究,后来成为巴拿赫代数理论的基础。1927年开始,他又与施密特合作,研究陶伯定理。后来,他创立了一般的陶伯定理,并将它与傅立叶变换理论及广义调和分析结合起来,发展了复变函数调和分析。与此同时,他还同英国数学家佩利合作,共同创立了佩利—维纳定理。

1929年,维纳升任教授。

10年来,维纳多次访欧,周游各地,与多人合作。他视野广阔,心胸坦荡开阔,不计名利得失,加之个人艰苦卓绝的奋斗,取得了辉煌的成就。

为了他醉心的学术，他多次推迟婚期。直到1926年，将近32岁的他才同玛格丽特·恩格曼在异乡结婚。

进入30年代，维纳的研究兴趣开始转向应用数学领域。他既重视理论，更重视实践，在对理论和实践的完美把握中，使二者不断得以深化——理论日精，实践益多。

早在1928年，当时，麻省理工学院为贝尔电话实验室代培中国籍的电气工程博士研究生李郁荣，维纳是主要指导人之一。师徒二人密切合作，经过一年多时间的努力，他们改进了滤波器的设计，制成傅立叶变换滤波器。李郁荣回国后，在清华大学任教。虽然道路阻隔，可师徒间的感情绵远深长。1935年到1936年，维纳应清华大学之邀去讲学，他们又得以密切地合作。这两位异国科学家精诚合作的行为在科学界传为美谈。

1931年，维纳又与德国科学家霍普夫合作，研究恒星辐射平衡时所遇到的积分方程的解法，获得了成功。他的基本思想是通过傅立叶积分变换，将原方程化为泛函方程，然后再用函数因子分解法求解，其核心是函数因子分解定理。这个方程被称为维纳—霍普夫方程，求解方法称为维纳—霍普夫方法，即因子分解法。这一方法已经成为研究各种数学和物理学问题的常用方法。在实践上，它反映了有关原子弹的许多重要问题,特别它能表现两种进程在时间上的分界:一种进程是代表在一给定时刻之前的状态,另一进程是代表那一时刻之后的状态。所以,它可用于研究预测和滤波方面的问题。

1932年,维纳与佩利合作,研究在半直线上等于零的复函数的傅立叶变换所需的限定条件。它揭示了电滤波器截止频带的锐角受一定限制的数学原因。在当时,这是一个伟大的发现,为物理学家和电气工程师们的实践提供了极大的方便。

为了表彰维纳在数学领域的卓越贡献,1933年的博歇尔数学分析奖授予了他。根据规定,他写了一本书《复数中的傅立叶变换》,这也是他对以前研究成果的总结和升华。

在第二次世界大战期间,维纳又积极投身于战争武器的研究。他先试图研究高射炮准确射击飞机的问题。他正确估算了高炮射击的前提量,并给高炮射击配备了能自动获得对飞机位置前提量的控制装置。这种预测飞机未来位置、超前射击飞机的问题,被称为外推法。这涉及算子逼近理论。在预测问题研究中,维纳从对曲线有关量的极小化出发,进一步探索了变分法积分方程,取得了满意成果。

1942年，维纳发展了外推法理论和平衡随机过程理论，利用平稳过程的谱分解，导出了线性最优预测和滤波的明确表达式——维纳滤波公式。这些理论在防空火力控制和电子工程等部门得到广泛的应用。作为预测问题的研究成果，他后来写了一本关于时间序列的外推和内插理论的专著《平衡时间序列的外推、内插和光滑化》。这本书为战时从事高射炮瞄准和射击控制系统工作的工程师们提供了理论依据，同时，书中还十分明确地对通讯问题作了统计处理。其中的理论不仅扩展到通讯工程中，还波及气象学、社会和经济学领域，使统计观点得到普遍承认。

1943年，维纳将傅立叶的滤波器理论扩展到通讯领域，在信息论领域作出了应有的贡献。同时，他与生理学家罗森勃吕特等人一起观察脑波过程，研究了大脑对肢体的控制情况，他在控制论领域的研究开始发端。1945年6月，墨西哥数学会议在瓜达拉哈召开，他应邀参加。会后，他继续同墨西哥国立心脏研究所的罗森勃吕特合作，研究活体阵挛的肌肉震颤问题和心脏节律挛缩传导等问题。他发现神经系统和数字计算机之间有惊人的相似性，他试图寻找能反映这种联系的微分方程，建立了神经峰理论。1946年到1950年的5年中，洛克菲勒基金会资助维纳和罗林勃吕特的研究，研究在美国和墨西哥轮流进行。1946年春天，他们邀集一批神经生理学家、通讯工程师和计算机专家开展了一系列关于"反馈"问题的讨论会，这次大规模的讨论会产生了一个伟大的结果——描述活有机体和机器中的通讯和控制思想的控制论思想。1947年10月，维纳划时代思想杰作《控制论》在墨西哥国立心脏研究所完稿，1948年由纽约的威利书店出版发行。维纳成了控制论这一对现代人类社会以巨大影响的伟大理论的创始人。

《控制论》一书的全称是《控制论或关于在动物和机器中控制和通讯的科学》。它不是直接研究现实世界中的受控对象，而是研究受控对象的数学模型——控制系统。它用统一的数学观点讨论了通讯、计算机和人类思维活动，提出了自动化工厂、机器人和由数字计算机控制的装配线等新概念。书中介绍了用电子元件或机械元件组成的控制系统，以及使用统计方法研究人的大脑和神经系统的生理活动，书中还提及有关社会控制等社会科学问题。维纳的控制论主要是用时间序列的观点处理信息的转换、提取、加工和预测。使用的主要数学工具是数理统计和调和分析。维纳自己认为：在他有关生理学的研究中，最有意义的是将所谓时间序列的统计理论用于脑波研究。他对时间序列、预测、滤波等问题的研究，都是他早期有关调和分析和布朗运动研究的延续。

《控制论》一书的出版，马上震撼了世界，风靡了全球，对人类社会的科学事业产生了经久而深远的影响。它对现代计算机技术、控制技术、通信技术、自动化技术、生物学和医学理论等许多领域都有很大影响。

此后，维纳并未居功自傲，而是一如既往地在科学的原野上跋涉着，尽最大可能地散发着自己的光和热。1963年，他获得美国国家科学奖章。

1964年3月18日，维纳这位举世闻名的科学巨匠，在瑞典斯德哥尔摩讲学时因心脏病突发去世，终年69岁。

布洛格

大自然的儿子

诺尔曼·布洛格是一位世界著名的农学家。他在研究培育高产抗菌小麦工作中取得卓越的成就，使小麦的产量成倍增长，为世界上发展中国家的农业生产作出了巨大贡献，解决了许多国家粮食短缺的问题，曾被世人誉为"绿色革命之父"。1970年12月10日，他获得了诺贝尔和平奖。他是迄今为止500多名诺贝尔奖获得者中的唯一的一名农学家。

诺尔曼·布洛格是美国籍的挪威移民。在19世纪中叶，他的祖父从挪威来到美国衣阿华州，和一同来到美国的伙伴们，在一片未被开垦的处女地定居下来，修盖房舍，开垦荒地，建立了自己的农场，他们把自己的家园起名叫做斯奥德。

在几座房子的周围，是一大片平坦的土地，种植着小麦、土豆、白菜、青豆等农作物。黄色、白色、绿色织成了一幅美丽的地毯。在它的南面，有一条20多米宽的小河，清澈的河水自东向西总是缓缓地流淌着。由于没有污染，河水清澈见底，有时可以看到游鱼在自由自在地嬉游。平坦土地的周围，就是连绵不断的山脉，包围着这几户人家，就像一个巨大的围墙，保护着这个小村安宁平静地生息繁衍。远远望去，一片碧绿，那是山上的松树、柏树、青榆。在山林里，栖息着各种鸟类和野兽，不仅有山鸡、野兔，在晚上还不时能听到几声狼嚎。每到黄昏，一抹血红的彩霞，浮在绿树的上方，落日的余晖映照着田野，几座房子炊烟袅袅。一种略带原始意味、静谧幽雅的田园风光，让人想起中国大文豪苏轼描写过的"桃花源"。

山上有取之不尽的木材，人们便用粗大的木材来构建他们的房舍。房子的墙壁是用笔直的松树干一根一根叠起来的，两面夹上木桩，一直叠到3米高，就成了厚厚的木墙。为了御寒，人们在木墙的里面抹上泥巴，再贴上旧报纸。屋顶则是用较细的松木做成人字架，再用木板排列起来。每到冬天，大雪覆盖了田野和山林，也把这几座小屋埋在雪里。厚厚的积雪压在屋顶上，在一片白茫茫之中，只见几个巨大白蘑菇顽强地长在寒风落雪里面。每到夏天，在一片葱绿和金黄的海洋之中，几座小屋恰似几叶小舟在波浪中浮动。看起来，随着那在微风中涌动的波浪，几座小屋似乎也有了动感。就在这些小木屋中的一个不起眼的小屋里，却诞生了一个不凡的人物。

1915年初春的一天，微风拂面。一座小屋里的人们进进出出，一片匆忙。半夜时分，一声响亮的哭声从里屋传出来，人们立时奔向门口，精神起来。这个新生的婴儿，就是后来的著名农学家诺尔曼·布洛格。

这个四口之家喜得贵子，母子平安，为家庭增添了无穷的乐趣。小婴儿的祖父纳尔斯·布洛格，已经50多岁了，头发已经发白，但精神旺盛，体格健壮，是农场的主人，也是干活的能手。孩子的祖母，一个勤劳理家的主妇。孩子的父亲叫亨利·布洛格，当年只有25岁，是家庭的主要劳动力。孩子的母亲长得纤小美丽，性格温顺，吃苦耐劳。这个四口之家耕种着祖辈开垦的48公顷土地，收入足够吃穿日用，日子过得和睦美满。尽管生活在一片山林之中的绿洲上，农田劳作辛苦劳累，但是日子过得很有劲头，很有乐趣。他们不求大富大贵，甘愿过着日出而作、日落而息的田园生活，没有忧愁，没有患得患失，倒是和和美美。如今，又添了一个胖小子，就更是红火起来。

诺尔曼·布洛格一生下来，就又白又胖，十分讨人喜爱。眼睛又黑又大，眉毛已经隐约现出黑密的影子，嘴唇有些厚，十分红润，额头饱满，脸蛋浑圆，长相端正。小诺尔曼·布洛格被祖父母爱称诺姆。小诺姆长到一周岁的时候，就很不安分了，不知道为什么，晚上倒还睡得很香，可是一到白天，即使是吃饱了以后，也不愿意躺在床上，总是哭闹。两只小手乱抓，两只小腿乱蹬，粗声粗气地大哭。这个孩子似乎很傻，哭起来不遗余力，总是用尽力气使劲地大哭大叫，怎么哄也哄不好。抱在母亲的怀里，吃着奶水也哭个不止。这可急坏了他的父亲和母亲，更急坏了他的祖父祖母。是生了病，还是受惊吓了，大人们怎么也弄不明白，找不到原因。看他又胖又壮的样子，也不像是有病。大人们急得团团转，而小诺姆仍然是照哭不误。

祖父祖母十分溺爱这个小孙子，在周岁以内的时候，千叮咛万嘱咐，让儿媳好好照顾这个宝贝孙子，什么活都不用干，也不许抱出屋外，唯恐受凉受风受惊吓。此时已是春暖花开的时节了，春末夏初的暖意已经来到了人间。在没有任何办法的情况下，祖父纳尔斯对儿媳说："天也暖和起来了，你抱他到室外走动走动，也许就不哭了。"祖母在一边着急了："老头子尽出馊主意，孩子这么小，要是受了凉，就更没办法了。"儿媳实在哄不好这孩子，不免心焦起来，伸手在小诺姆的屁股上打了一巴掌。这一巴掌使孩子哭得更厉害了。祖父祖母忍不住心痛，同时向儿媳投去了怨怒的目光。老纳尔斯不容分说，也不顾翁媳之嫌，抢上去抱过小诺姆，大步走出门去。老太太在后面拉住老头子的后衣襟，着急起来："老头子别胡闹，凉风冷气的孩子可受不了。"

屋外真是又一番天地，大地飘香，鸟语蝉鸣，暖洋洋的太阳照射着大地，一层层地气徐徐上升。园子里的果树已经开花，养的小鸡在奔跑觅食。人们哪有心思看这司空见惯的景象，心里只是惦着小诺姆。耳朵里听着孩子的哭声，心里希望哭声停止才好。不知不觉，鸡叫声，鸟叫声，蝉鸣声，传进了大人耳朵，而那令人烦躁的婴儿哭声却没有了。这时三双眼睛一齐投向小诺姆，奇迹出现了：孩子咧着小嘴正在笑呢。两只小手上下摆动，不时抓住爷爷的胡子。好半天，老纳尔斯才觉得下巴有些痒，再看小孩已经安静多了。老纳尔斯笑着说："农民的孩子嘛！看到大地和田野就不哭了。老太婆，怎么样，按我说的做没错。"

接着，三个大人众星捧月一样，簇拥着祖父怀里的小宝贝，在院子里走来走去，小家伙更欢实了。又走出院门，祖父一手托着小诺姆的双脚，一手扶着腰，让孩子看看长势喜人的田地。小诺姆小腿上下乱蹬，小手不停地摇摆，笑得更甜了。这时，大人们别提多高兴了。这几个月来，孩子又哭又闹，没想到一到外面来，就立刻变了样。

这回老纳尔斯就有些神气了，是他的主意使孙子高兴了。老头子更坚定地对儿媳说："到外面经点风雨，孩子得不了病，就像小苗一样，总是在温室里是不能长大的。今后每天都要把我的大孙子抱到外面来玩。"

从此，吃完了早饭，收拾完碗筷，母亲就把小诺姆抱到屋外去，看大自然的风光。只要一到屋外，小诺姆就显得格外高兴，不哭不闹，手舞足蹈。由此也养成了孩子的一个毛病，只要是闷在屋里，看不到阳光，看不到田野，看不到绿树，他就不自在。整个夏天，小诺姆都是经常在户外活动，在大自然中成长。

转眼又到了春季播种的时节了，小诺姆的祖父和父亲在去年秋天又开垦了几亩荒地，今年春天的活就更忙了。两个男人起早贪黑地在田地里施肥，平整土地，收拾麦茬。新开垦的几亩地，草根树根特别多，需要清理出去。要使原来板结的荒地松软起来，要三番五次地打碎土块。地里的活实在太多，眼看到了播种的时候，老纳尔斯只好

让老太太也到田里去干些轻微的活计，家务活和照看小诺姆就只好由儿媳一个人来承担了。

三个人每天天不亮就要到田里去干一阵活，家里儿媳就忙着准备早饭。这时小诺姆正在熟睡。全家人匆匆吃了早饭，三个人都忙着去干活，小诺姆也醒了。母亲只好一只手抱着儿子，一只手忙着收拾碗碟刀叉。这时，小诺姆已经会走路了，他似乎很懂事，每当母亲忙这忙那的时候，就自己挣扎着要下地。母亲把他放在地上，他就迈着不太稳当的小步，前后左右跟着母亲踱来踱去，稍稍减轻了母亲的负担。有时当屋门开着的时候，就走到屋外，在院子里玩。小诺姆一到院子里，就高兴起来。母亲唯恐儿子受凉，总想把他弄到屋里去。而小诺姆会走路有了活动的自由，母亲一眼照顾不到，就偷偷地又到外面去了。后来，天气越来越暖和了，母亲也实在太忙，索性任由小诺姆在外面玩，自己忙活计，倒也轻松了许多。

这一年小苗的长势非常好，到了五六月份时，小麦已经有一尺多高了，绿油油、粗壮壮。纳尔斯父子看着麦田，心里实在高兴，忘却了苦累，心情更畅快了，莳弄庄稼更来劲了。这一天，小诺姆的母亲正在洗换下来的一大堆衣服，还要不时到灶前看着火，锅里煮着全家的午饭。

这些天来，小诺姆十分懂事，自己在院子里玩，从来不打扰母亲。

晌午田地里干活的人都乐滋滋地回来吃午饭了。老纳尔斯的习惯是，每回到家里来，必先抱起孙子亲热一阵，这才能吃饭或干别的。今天也是一样，纳尔斯没等进到院子里来，就大声嚷起来："小诺姆，小诺姆，看爷爷给你带回来什么好东西了！"

他连叫了几声，小诺姆也没有出现。进到屋子里也不见孙子的影子。急忙问儿媳，儿媳说："小诺姆很懂事，在院子里玩呢！"纳尔斯说："院子里没有哇？"父亲和祖母也没有看见小诺姆。立时四个人一齐放下手中的活计，在屋里和院子里寻找。找遍了各个角落也不见小诺姆的影子。大人们开始着急了，两三岁的小孩子，能到哪里去呢？一旦碰到摔着或让牲口踢了，那可不得了。全家人又在屋里屋外仔细地边叫边找了好一阵子，仍然没有踪影。邻居们听说老纳尔斯的孙子不见了，也都放下饭碗，过来帮助寻找。过了半个来钟头，大家垂头丧气地回来了。这时已经听到祖母和母亲的抽泣声、外祖母的埋怨声，男人们的叹气声。大家齐集院门口，神情紧张起来。

还是老纳尔斯有些主见，在院门口，告诉大家不要紧张，孩子不会走得太远，还是要在附近仔细找一找。大家一听也觉得很对，不自觉地四下张望。小诺姆的父亲眼望麦田，目光呆滞，心里没了主意。突然，他发现不远处麦田里有一块两三米见方的麦苗矮了许多，缺了许多。几乎是天天看着麦苗长大的父亲，立时感到异常。他要去看个究竟。他独自走到麦田里，"爸爸，你们快过来呀！"亨利·布洛格一到那块缺了苗的麦田附近，就大声地喊了起来。大家急忙奔过去。

原来，小诺姆安静地躺在弄倒了的麦苗上，脸上露出甜甜的微笑，鼻翼一动一动地发出轻微的鼾声，手里握着一把麦苗，睡得正香。弄倒的麦苗稀稀落落地盖在小诺姆的身上。老纳尔斯一见孙子，心里一块石头落了地，恢复了理智，来了灵感，不禁大发感慨："这么一点点的孩子对麦苗这样亲热，咳，生在我们这样的农家，这孩子恐怕要一辈子和麦田打交道了。"

在麦收前的一段时间里，地里的活计基本告一段落，除了维修仓库和秋收工具之外，就没有什么太要紧的活了。家里婆媳二人就拆洗被褥，缝制棉衣棉鞋，开始忙了起来。老纳尔斯和亨利就要时常照看小诺姆。有时父子二人也到河边去钓鱼，每当这时，老纳尔斯都要带着小孙子一同去。小诺姆一到河边就撒起欢来,又蹦又跳。他一会儿张开双手去追逐草丛中的蚱蜢,一会儿摘下几朵野花揉搓起来,一会儿跑到祖父和父亲身边亲热一阵。

老纳尔斯把鱼钩甩到河里,慢悠悠地点上烟斗,坐在岸边,一边看着小孙子玩耍,一边看河面上的鱼漂儿,心里乐滋滋的。亨利则是用心钓鱼,一会儿就钓上了三四条半斤来重的银鱼。

小诺姆连喊带叫,在岸边跑来跑去。一只青蛙在他的脚下蹦了起来,小诺姆立刻去追。那青蛙三下两下就蹦到了河水里,小诺姆正追得起劲,一时停不住脚,随着青蛙蹦到了水里。这河水岸边很浅,小诺姆落在水里,双手还不住地抓来抓去,嘴里不知喊着什么。这扑通一声惊动了纳尔斯父子俩,顿时吓出了一身冷汗,立即奔过来,拉起小诺姆。小诺姆的衣服全弄湿了,两手两脚都是泥,小脸蛋上也沾满了泥巴,但是他嘴里还在嚷着要蛤蟆。大人吓得够呛,他还是乐哈哈地兴致很高。

这一下父子俩就不用钓鱼了,忙着给小诺姆脱下衣服,在河水里洗干净,铺在草地上晒着。老纳尔斯又抱着小诺姆,在河边给他洗澡。光着屁股的小诺姆在水里更是连连撒欢,乐不可支。洗了一会儿,老纳尔斯把他抱上岸，他却说什么也不干，闹着往水里挣扎，老纳尔斯没有办法，只有陪着孙子在只没膝盖的浅水里戏耍。快要到中午了，小诺姆的衣服也晒干了。这时亨利才收拾渔具，拾起钓到的几条鱼。老纳尔斯则抱着小孙子，三个人高高兴兴地往家走去。老纳尔斯告诉儿子：小诺姆自己掉到河里的事，可千万别对家人说。

过了几天，老纳尔斯父子又要到林子里去采蘑菇、木耳、山菜、野果。临走时，小诺姆也嚷嚷着要去。老纳尔斯因为发生了上次的险情，生怕小孙子再出乱子，不想带小诺姆去。但是小诺姆又嚷又叫，非要跟着去不可。老纳尔斯没有办法，只好带着他去。到了林子里，老纳尔斯吩咐儿子："你自己去采吧，我要看着小诺姆，林子里可不是闹着玩的。"老纳尔斯抱着小诺姆，看到树上的野果，就把小诺姆高高举起来，让他去摘。小诺姆呼吸着山林的新鲜空气，听着小鸟唱歌，嗅着野花的清香，玩得十分开心。

这一年是个风调雨顺的好年头。纳尔斯一家收获了许多小麦，一年全家人的吃粮绰绰有余，还卖出1500多公斤，家用零花钱也不成问题。老纳尔斯精神更加焕发，生活得更有劲头了。他深知，这块地方的土地肥沃，适于小麦生长。因此他与儿子商量，秋收以后，要再开垦一块荒地，多种上几亩小麦，于是，父子俩选择了一块树木较少的平地烧荒草，砍树木，开垦了一块两亩多的好地。

转眼又到了第二年的春耕季节，这时小诺姆已经4岁了。家里多了块土地，新开的土地难于耕种，田地里的活计就多了起来。春种是最忙的时候，老纳尔斯就建议全家人都要到地里去忙。小诺姆也越长越结实了，完全可以带到田里去。

这样，由母亲带着孩子，男人们扛着农具，早出晚归，兴致勃勃，满怀希望地忙着种植小麦。每到田里，小诺姆显得非常懂事，从来不缠着大人，总是自己在地里跳来跳去。有时站在大人身边，学着母亲的样子撒种，有时坐在地头草地上玩，常常弄得满身泥土，衣服划出了口子，鞋子陷在泥里，母亲十分心痛，而他却总是乐哈哈地自由自在地玩。

从此，小诺姆在田地里活动的时候就更多了，小脸晒得油黑，身体也非常结实。他不仅没有成为大人的负担，而且还为家庭带来了无限的欢乐。生活在田地里的小诺姆呼吸着田野的清新空气，享受着大自然的秀丽风光，感受着长辈辛勤劳作的乐趣，健康地成长起来。

暴风雪中的小学生

1920年,新年一过,小诺姆就满5岁了,一家人沉浸在节日的气氛之中。去年是个丰收年,小麦收成很好,不愁一家全年的吃用。田野的活计也没什么可干的了,整天都是欢欢乐乐地闲聊,邻居们往来串门,谈天说地。老纳尔斯却总是留在家里追着小诺姆玩。一天晚上,一家人吃完了丰盛的晚餐,祖母和母亲在厨房里收拾碗盘刀叉,父亲在修理他那把心爱而精致的打猪匕首的皮鞘,老纳尔斯点起烟斗,在躺椅上悠闲地抽烟。小诺姆蹦蹦跳跳活像一只小老虎,在屋里屋外乱窜,没有消停的时候。

老纳尔斯抽完了一袋烟,把烟锅往鞋底上使劲敲了几下,叫过小诺姆,拉住他的两只胖乎乎的小手,上下打量起来,那慈祥的目光在小诺姆的脸上足足凝视了半分钟。忽然,老头子开口了."我说你们都忙完了没有?"大家也没有搭腔。"老太婆,听到我叫你了吗?你们都过来,今天咱们要商量一件大事",老纳尔斯接着郑重地说。"快抽你的烟吧,有什么大事,就你说道多!"老太婆虽然不太情愿，但还是进到屋里来，拉过小诺姆，整理他那弄邹了的上衣。

"我说的是真正的大事，你们快过来吧！"老纳尔斯又像下命令似的招呼儿子和儿媳。全家人围坐在火炉旁，都在静静地等着老纳尔斯发表高论。老纳尔斯把小诺姆夹在两腿中间，一手摸着他的头，一手拉着他的手，环视了每个人的脸色，不紧不慢地说："我说，咱们的小诺姆已经5岁了，这孩子长得结实，又聪明懂事，将来或许能有个出息。我和他爸爸在地里滚一辈子了，这孩子还能让他像我们一样吗？要叫他上学，要让他有知识。如今，新年一过，学校就要开学了，我想今年就让他去上学，你们看怎样？"

小诺姆的父亲亨利对老纳尔斯佩服得五体投地，无论是干农活还是计划家庭生活，都听纳尔斯的，老头子说怎么办，他就怎么办，而事情的结果，按老纳尔斯的办法去做大多是正确的和成功的。亨利虽然感到小诺姆还太小，不应上学那么早，但是出自老纳尔斯之口，他就没有什么想法了。他没说什么，只是点头。老太婆却火了起来："多大一点的孩子，要走八九公里的路，死冷寒天的，老头子发什么神经，过两年再去也不晚。"

儿媳妇听到公公这么说，认为让孩子上学学知识倒是正理。可看到儿子只有5岁，又心痛起来。听到婆婆和老头子顶起来，一时也不好表态，心里还是不愿让儿子顶风冒雪去上学，就说："再等一年也不算晚，今年在家玩一年吧，长结实点再去更好。"

家庭成员的意见是二比二，两个男人一个态度，两个女人另一个态度。老纳尔斯是个意志坚定而且说话算数的人。他对老伴讲道理说："老太婆，你懂什么？咱们这荒凉的地方，学校就只有一个老师，轮流给好几个年级的学生上课，念完小学就要十七八岁，哪里比得上正规的大学校？不早点去，就要耽误孩子一辈子。今天这个事，绝不能听你们的。孩子小点累不坏，摔打摔打也是好事，咱们这样家庭的孩子不能娇生惯养。"

老纳尔斯这么一说，大家也觉得在理，只有听一家之长的了。接着老纳尔斯就吩咐儿子儿媳赶快为小诺姆准备上学穿的衣服，用的书包、纸笔等物件。安排完了，老纳尔斯又装上一袋烟。这时，小诺姆忽闪着大眼睛，听大人们讲话，也听明白是要让他上学，他想这样就可以和其他孩子们玩，可以到野外去活动，真是好事情，满心高兴。看到爷爷要抽烟，马上用一根细木条，捅到炉子中的旺火上点着，然后送到爷爷的烟斗上。老纳尔斯使劲吸了两口，这两口烟他觉得比平时更香、更浓、更过瘾。

1920年1月中旬，学校开学了。这一天，小诺姆早早就起来了，全家人像要办一件大事一样，忙着为孩子准备上学的东西。小诺姆满脸高兴，听凭大人们为他弄这弄那，嘴里嚷着："快走吧，快点走吧！"父亲带着他走向大门口，全家人像欢送一个小英雄出征一样，在院门口一直看着父子俩的背影消失在茫茫雪野之中，这才像完成了一件重大使命，转身回到屋子里。

小诺姆在学校里非常听话，非常愿意学习，老师布置的作业，总是早早完成，读书写字都不用大人操心。每天放学回来，都要向祖父和母亲没完没了地说学校的屋子什么样，老师怎样爱护孩子们，小朋友们怎样在教室里玩耍，大孩子怎样读书、怎样写字。一切对于小诺姆都是新奇的，都引起他的极大兴趣。自打上学以后，孩子变得更懂事了，有时还主动帮助奶奶点起炉灶里的火，为母亲拿柴，自己洗脸洗手，自己包好书包。

1月的天气非常寒冷，时常下起鹅毛大雪。1月下旬的一天，刺骨的寒风席卷着大块雪团掠过山林原野，铺天盖地地朝着新俄勒冈八区农村小学袭来。这座小学就是小

诺姆上学的学校。

这所学校的周围杳无人烟,孤零零地坐落在暴风雪中。在许多年前,根据美国当时制定的乡村学校彼此要相隔若干公里的规定,同时照顾到邻近村落的远近,基本上都能辐射得到,又不至于太远。一位默默无闻的建筑师在地图上一点,就确定了这所学校的位置。附近的村民听说要建学校,都主动前来做工。火车把修建学校要用的木材、铁件、油漆、工具等源源不断地运抵建筑工地。村民们就用这些东西很快地建起了一座木房。在外涂上油漆,在房子里安放好小桌小凳子,挂上黑板,砌上火炉,一座学校就算建完了。从此,附近村落的孩子们总算有了自己的学校。

说它是一座学校,其实仅有一间屋子,只是一个教室。天长日久,涂在墙壁上的油漆早已褪色剥落,室内和桌凳已经陈旧褪色,而老师们也是年复一年地不断更换着。然而,这座房子却一直留在那里,那间教室也总是传出朗朗读书声和孩子们的欢笑声。无论酷暑严寒、无论风霜雪雨,它都是孩子们向往的地方。原野中的小屋总是带给村民们无限的希望和祈盼。

狂风怒吼着,大雪下得正紧,雪团无情地摔打在教室的木板墙上。教室里，正中间是一个用半个汽油桶作成的大火炉，大块的木柴在炉膛里烧得通红，像是在以自己的火焰和热量同风雪比个高低。地处山村，木柴是取之不尽，用之不竭的。因此炉子的火焰也越烧越旺。

教室里坐着30来个学生，他们中小的只有5岁；大的有18岁，分别属于8个不同的年级，只有一个老师上课。当年，美国的乡村教育还比较落后，大大小小的孩子混在一起，给这个年级上课，就顾不到那个年级，教学的进度相当缓慢。在冬季里，教师主要是给年龄大的孩子讲课，在其他时间给年龄小的孩子上课。因为年龄大的孩子在春、夏、秋三季要在父亲的农场上干活，只有在冬闲时，他们才能读书。所以当这些孩子上8年级时，就差不多18岁了。

在这个教室里，5岁的诺尔曼·布洛格是最小的一个。他端端正正地坐在凳子上，两腿有节奏地前后摆动着，两手一会摸摸桌子，一会弄弄书包，两眼一会看看老师，一会看看左右的大孩子们写字。反正老师在讲8年级的课，他什么也听不懂。小孩子是没有长时间节制力的，坐了一会儿小诺尔曼开始不安分起来。他的注意力转向门口和窗口，看着雪花断断续续地飘进来，听着窗外寒风呼啸着刮过屋顶的尖叫声,手里摆弄着饭盒,脑子里胡思乱想起来。整个上午,孩子们都坐在屋子里,特别愿意到户外活动的小诺尔曼就更觉得不自在。他想到外面去堆雪人,去滚雪球,去打雪仗。他又感到饿了,盼望着老师快些下达吃午饭的命令。

终于到了午饭时间,孩子们就在课桌旁吃他们自带的三明治和香肠。小诺尔曼狼吞虎咽地吃完了一大块三明治和牛肉干,喝了一口自带的凉白开水,在地上转来转去。他还是感到憋得慌,就借着要去小便的机会走出了教室透了口气。他看到那久经风霜的校舍和木屋被尺把厚的白雪覆盖着,简直像一块奇异的大蛋糕。在脱落了油漆的墙壁上,贴着一片片的雪,在烟囱出口处的房檐上,积雪融化了,形成了长长的深褐色的冰柱。

小诺尔曼带着刚刚吃完饭的热量还不觉得冷。他在木屋周围走来走去,积雪没过了他的膝盖,每迈一步都要费很大的劲,院子里留下了一圈深深的印迹。过了一会儿,小诺尔曼感到冷了,因为他出来时,并没有围上围巾,而是光着头的,脸上身上都粘上了雪花。这时,他不得不推门进到教室里,老师看到他冻得通红的小脸,连忙给他弹净了身上的雪,拉到火炉旁边去烤手,还告诉他,以后不能在大雪天出教室。

吃完午饭，雪停了，但风却刮得更厉害了，不断地吹打着屋门，使屋里越来越冷。老师不断地往炉子里添木柴，火苗蹿起很高，在烟囱里呼呼欢叫着，就像火车粗粗地喘气一样。但是，孩子们还是冷得发抖。大点的孩子还好，小孩子就有些受不住了。还不到放学的时候。忠于职守的老师还在坚持上课。屋子里渐渐暗下来了，看来天阴得更浓了，老师只好点起油灯来继续上课。那盏油灯被钻进教室里的寒风吹拂着，火苗忽明忽暗，忽高忽低，忽左忽右。没有事干的小诺尔曼就望着油灯的火苗出神。

讲了一会，老师走到门前，抬眼望着天空滚滚乌云被狂风卷着黑压压地聚集在一起，堆起来像一座座小山在天际浮动，看来更恶劣的天气就要来到，更大的雪会下起来。于是，教师便决定让孩子们提早放学回家，并嘱咐他们把围巾围好。她对大些的孩子们说："眼看天就要变得更暗更寒冷了，你们要排好队回家，尽快把小孩子送回家去。"而她自己则要护送家住相反方向的另外10个孩子回家。

小诺尔曼他们这一路有20个孩子，他排在一路纵队的中间。在下雪的时候，教师总是细心地安排年龄较大、身体健壮的男孩子走在纵队的最前面,要他们在一步一陷的深雪中开路,以免后面的孩子误陷入为松雪覆盖的深坑里。而让年龄大些的女孩子走在队伍的最后面,也要她们随时照看走在队伍中间的年龄小的孩子,不使他们掉队。这种做法已经成了惯例,年龄大些的男孩和女孩都熟悉这个惯例,养成了这种团结互助的好习惯。同时,孩子们也要在上学、放学的过程中,锻炼自己管理自己的能力。

今天,雪虽然下得很大,在放学的时候,幸好停了下来,只是风更强劲了。孩子们排着不太整齐的一路纵队,顶着狂风,趟着没膝深的积雪,举步维艰地缓缓前进。小诺尔曼是这个队伍里年龄最小、个子最矮的一个。这次是他自己第一次在大雪中走这么远的路。他每踏进一个雪窝,再拔出脚来照准下一个雪窝迈出一步,都要使出吃奶的劲来。他眼睛看着前面的孩子,心里默默地念叨着:"我不能让你拉下,你能走我也能走。"

这条乡间小路全部埋在积雪之中,幸好大些的孩子走熟了,还能大约找准方向,但有时也会陷到深坑里,他们就招呼其他的孩子要小心。这段路是崎岖不平的,有时上岗,有时下坡,极难行走。这时,后面的女孩子开始叫喊前面领路的男孩,叫他们慢点走,因为中间有的小些的孩子已经跟不上队伍，累得上气不接下气，在拼命地挣扎了。

小诺尔曼已经没有开始时的冲劲，几乎一点也迈不动步了。他的衣服上、脸上和手上尽是雪，至于腿和脚，就不用说了。他每向前走一步，都要很费力地从没到膝的深雪中拔出来，再迈到深雪里去。雪在他的靴子中融化，早已湿透了长筒袜，变得彻骨冰凉，脚早已冻得有些麻木了。他开始不断地跌跤，但他仍坚持着连滚带爬地往前一点一点地挪动。只有5岁的小孩，能坚持多久呢？最后他实在没有力气再向前迈步了，就一屁股坐在雪地上，把下巴紧贴在冻僵的膝盖上，就这样哭起来了。

这时，后面稍大一点的孩子已经走过去了。突然，有人把他的围巾一把扯了下来，一只手抓住他那纤细的头发使劲地向后猛揪。啊！这是表姐。只见小表姐双唇紧闭，脸上充满了愤怒和恐惧，大声喊道："起来！快起来！"但是他仍一动也不动。小表姐猛地伸出手来，开始抽他的耳光，左右开弓，使劲地打，一点也不怜惜。小诺尔曼大声地哇哇哭了起来，两只小手护住头脸，两只小腿乱蹬，撒起泼来了。整个身子就要埋在雪里了。这时，其他的孩子也纷纷围拢过来，惊恐地大喊："起来！快起来！"几个年纪小的孩子也跟着哭了起来。

　　一个年龄大的男孩过来拦住了小表姐，并把小诺尔曼扶了起来，帮他拍掉衣服上的和腿上的雪，揩净了他脸上的泪珠，对他说："小弟弟，千万睡不得呀，那会冻死的，咱们慢慢走吧！"小表姐上来拉住他的手，连拖带拽地继续向前走。

　　小表姐只有10岁，却表现得非常自信，她脸上的神气使小诺尔曼觉得无论如何也得跟着她走。这时他看到其他的孩子们也都坚持着向前挪动，他有些明白了，他想：方才他要在雪地里睡去的想法是多么的荒唐啊！但愿表姐别告诉他的祖父。平时祖父常常对他讲要坚强，要有勇气，要不甘落后，要当个真正的男子汉，今天的事多么丢脸啊！多么不符合祖父的教导啊！小诺尔曼本来就是个懂事听话的孩子，他越想越感到羞愧，不禁大滴的泪珠流了下来，很快就在脸上结了冰。小表姐以为他又要坚持不住了，便更加使劲地拽着他，拖着他，加快了脚步。

　　终于，他到家了。他哭着走进了厨房。祖母正把刚刚烤好的面包从挪威烤炉上拿下来，屋子里弥漫着一股烤面包的香味儿。祖母总是在下午烤面包，为的是用这种香味儿来迎接归来的家人。祖母的这种心意，诺尔曼是在年纪大了之后才体会到的。但是在他的记忆里,那天祖母烤的面包比任何一次闻起来都更香,更甜,更有诱惑力。

小诺尔曼一走进厨房,母亲看到哭着的儿子,惊叫出来,知道儿子冻坏了,马上把他抱起来,放在椅子上,挪近灶台,让儿子暖和一下。不一会儿,他那冻麻木的手脚由于逐渐有了知觉而疼痛起来,但是让他更感到痛苦的是自己在路上表现得没有志气,让表姐打了一顿,在小朋友面前出了丑。他仍然在哭着,母亲和祖母以为他还没有暖过来。其实她们哪里知道,小诺尔曼是在自责和难过。妈妈把他冻僵了的小手紧夹在臂下,心疼地把他抱在怀里,一边亲吻着他的红胖的脸蛋,一边细声细气地轻声安慰他。祖母也忙着拿着一条在开水里浸过的软毛巾给他擦脚,一直到他不再疼了才停止。

晚餐准备好了,全家人坐在饭桌周围开始吃晚饭了。小诺尔曼这时情绪好像还没有缓过来,紧闭嘴唇,沉默不语。他看着黄油怎样在面包上渐渐融化,凝结的蜂蜜怎样在面包片上越来越稀。妈妈给他递过来一杯牛奶。他不再哭了,但是脸上仍然没有笑模样,看样子心里还是很难过。妈妈亲切地问他:"还疼吗?"他便把刚才受到小表姐惩罚的事讲了出来,因为这是他最感痛苦的事,似乎不吐出来不快活。他刚刚说完,祖父就大步走过来,一把把他抱到壁炉旁的椅子上,在火旁烤他那裸露的脚趾,并且用那带有挪威家乡特点的口语温和地对他说:

"诺姆,我的好孩子,表姐对你并不坏呀!她所做的正是大人希望她做的事情,她做得很对,她真是个好孩子。你想一想,如果她不管你,让你在雪地上睡去,那你很快就会冻死的。她把你弄醒,拉你回家了,这才对呢?看你坚持一下,不就挺过来了吗?这才是男子汉的气概呢!"祖父的话听起来总是又悦耳又有说服力。小诺尔曼到这时才彻底暖和过来,听了祖父的一席话,心情渐渐舒畅起来。一天又冻又累,小诺尔曼早已困乏了,接着打起了哈欠。

他躺在楼顶的小房间里的床上,怎么也睡不着,他回想着白天所发生的事情,回味着祖父说的一番话。他心想:祖父和父亲起早贪黑,冒着严寒在外面修理机器,他们都不怕冷,怎么累也是乐哈哈的。祖父让我做个不怕苦难的男子汉,真是太对了!他真希望有个哥哥或弟弟,可以向他们述说今天的经历和感受。他盼望严冬尽快过去,明媚的春天早点到来。想着想着不知不觉地睡着了。

迷上了麦田

寒冷的冬天渐渐过去了，春天的脚步伴随着蓬勃的朝气向人们轻柔地走来。小诺尔曼翘着盼望的季节终于来到了。这样的季节，对于孩子们来说，简直就成了节日。早晨，小诺尔曼带着奶奶准备的饭盒，背着书包，乐哈哈地从家里跑出来，到路口和其他的孩子们会合，然后排成一支松散的队伍，笑着嚷着活蹦乱跳地向学校奔去。傍晚，放学以后，孩子们自由自在地回家了。

在经过木桥的时候，小诺尔曼可以停下来看一看在水中颠簸漂浮的大冰块。有时候，他可以沿着堤岸一直走到河流转弯的地方，看到那里挤满了大量的厚厚的冰块，一块摞一块地随着河水向前漂去。这时，他就会拣起土块，向那冰块抛去，还会拣起石子用力扔向小河中，看那溅起的水花，听那扑通扑通的响声。白天渐渐长了，他不用急着进家门，有时候，他还会走到自家的农场里，看发芽的果树，用脚踢着那油黑的土地，拔起萌发的野草扔到田埂上。多么大的一片土地呀，祖父和父亲要一犁一犁地下种，一垄一垄地铲草，一片一片地施肥，一点一点地收割。他站在田地里，有时出神地想这想那，慢悠悠地边想边往家门走去。小小的诺尔曼只能看到这些现象，只能想到这种程度。

纳尔斯的农场有48公顷土地，都是在住房的四周。在农场里，整个春季都是相当繁忙的。沉睡了一个冬天的大地苏醒了。人们纷纷从密闭的房子里走出来，投入大自然的怀抱之中。小诺尔曼家的门窗都打开了，屋子里充满阳光。妈妈把门窗擦了又擦，从敞开的窗子里不断传出她快乐的歌声。晒衣绳上挂满了洗干净的衣服和被褥；修剪好的果树的枝条上绽开嫩芽；垂柳那纤纤的枝条重新开始现出绿意。最忙的要算祖父和父亲，他们天不太亮就起来了，不停手地修理犁耙，修理机器，挑选种子，往田地里运送肥料，正在为即将到来的春播紧张地做着准备工作。

播种小麦的季节马上就到了，老师知道各家农场里的活都很多，就放假让孩子们回家帮助父兄干活。因为学校里有许多十几岁的大孩子，小孩子们也就和他们一样在家里玩。小诺尔曼却是不光要玩耍，他更愿意到田地里和大人们在一起。看他们起垄，看他们施肥，看他们平整土地。他的眼睛里也能看到活，因为他是在田地里长大的孩子。有时给大人们递上工具、有时帮助母亲把午饭送到田头。播种的时候他也学着母亲的样子把麦种撒在地里。每当这时，他都是非常高兴，他感到自己吃的面包也有他自己的一份劳动。大人们忙个不停，他也是围前围后，没有闲着的时候。他当然干不了什么力气活，但灵巧的小手，却使祖父减少了来回奔忙的辛苦。祖父看着小孩子这样懂事，干起活来也不觉得累了。

这一年3月24日，正是严冬过后第一个春风明媚的好天气。祖母走进祖父孩提时曾经住过的小屋，不过这小屋现在已经成了粮食和工具的仓库了，祖母从后墙上取下旧式的已经被烟熏得漆黑的铁锅，拿到院子里的阳光下。然后搬来三块大而平的石块，把铁锅放在上面，下面留出了足够的返风空隙。这时，小诺尔曼正在葡萄架下玩耍，他看到祖母正忙得起劲，就奔了过去，帮助祖母弄石头，抱木柴。祖母脸上露出了笑容，稀疏的银发在阳光下更有光泽了。这时，祖母笑着对小诺尔曼说："诺姆，我的好孩子，快进屋去把火柴拿来，把火点着，今天我们要做全家一年用的洗衣肥皂。"

小诺尔曼点着了火，不断地往大锅下面添木柴，明亮的火焰在大锅周围翻卷着，火舌舐着锅底直往上蹿。祖母一心一意地搅拌着锅里的苏打，一边往里面放动物油。小诺尔曼最喜欢帮祖母点火，因为他对火有特别的兴趣。

原来，在他们住房的西边有块空地，上面堆着一年前从河岸两侧砍来的灌木。在那块地上，枝条和树叶铺着厚厚的一层。把这些灌木枝叶点起火来烧掉，结果在地上留下一片片草木灰和一堆堆木炭渣子。一到春雨过后，一部分灰渣就会随着雨水渗进土壤里去，等于给田地施上了肥料。

小诺尔曼看到祖父这样做，他就来了兴致，和祖父一样去到处点火，让灌木快快地烧起来。在一个下过雨的下午，祖父看着绵绵细雨，对小诺尔曼说："关于土地，有件事你要记住，这就是它像银行一样，你存入多少，它就会向你支付多少。当你把去年从地里获得的收获，又以某种方式如数偿还了，那么今年它就会再一次慷慨地让你'先借后还'。这样，蔬菜、庄稼、树木就会长得快，长得旺，长得足。去年我们把灌木弄到地里来，是费了不少力气，但是烧成灰给予了土地，土地就会把丰收给予我们，你明白了吗？"祖父的这番话，虽然小诺尔曼在当时并未完全理解，但是他知道，祖父的话没有错。

小诺尔曼在菜地从祖父那里学到了许多东西，然而，在麦田里则学得更多。因为每当夏季放学之后，小诺尔曼的大部分时光都是在麦田里同祖父一起消磨的。他是看着麦苗怎样长大的，是怎样抽穗的，是怎样开花的，又是怎样成熟的。祖父给他讲什么时候锄草，什么时候追肥，什么时候要防着虫害，小诺尔曼对麦田的兴趣渐渐浓厚了。他亲眼看到祖父和父亲就像爱护自己的眼珠一样爱护麦苗，他开始知道全家吃的用的都由麦田而来。麦苗就是全家的生命，麦田就是全家的希望。于是，他受到极大的感染，每当他在田埂上走着的时候，看到麦苗倒伏了，就去扶起来；看到小鸡跑到麦田里，就急忙地把它赶出来；看到麦田里的杂草，就小心翼翼地拔出来。他爱护麦田的意识，简直不亚于他的祖父和父亲。

老纳尔斯和亨利都是种植小麦的能手，他们农场里的小麦长势非常好。现在小麦已经长到有二尺多高了。绿油油黑压压，一片生机。这时，施肥、锄草的活基本都干完了，就等着收割了。祖父和父亲放下麦田的活，又去忙着莳弄果树和蔬菜。小诺尔曼又跟着他们在果园和菜地里转悠。

这几天来，祖父和父亲发现小诺尔曼不再跟着他们在菜地里走动了，而是常常站在大门口，望着麦田发呆。麦田就在大门口的南面，一眼就能望到深绿色的麦浪在微风中摇动，一层层绿色的波浪滚来滚去。祖父总是挂记着小孙子，一时不在身边，就好像缺了点什么。这几天小孩子常常自己独自看着麦田发愣，他心里十分纳闷。

原来，小诺尔曼发现，在一大片麦田里，有的地方麦苗长得又高又壮，比其他地方高出许多，而有的地方麦苗长得比较矮比较细。同样的土地，同样耕种，这是为什么呢？小诺尔曼想这件事，如果整个麦田都长得又高又壮那样该有多好哇！在一个中午，小诺尔曼硬把祖父从菜园里拉到麦田里来，指着麦田向祖父提出了这个问题，祖父就给他讲，长得好的地方，那是春天施肥时堆粪肥的地方，在把粪肥散开的时候，底下还会留下许多，这个地方的粪肥就比别的地方更多一些。祖父接着说："土地是十分公平的，你多下肥，它就给你长出好庄稼。种地也是有讲究的，绝不能马虎对付，你糊弄它一时，它就糊弄你一年。农场没有闲着的时候，农闲时就尽量多攒粪肥，小麦就能长得那么好。孩子，你明白了吗？"小诺尔曼从此隐隐约约地明白了肥料对土地的重要性。

整个夏天都是美好的，也是小诺尔曼最快乐的时候。在这些日子里，他可以到处跑来跑去，到大田里面去看大人们干活，去询问各种他所感兴趣的问题。但是，他最快乐的时刻，却是在收割机从大路拐弯处隆隆地开进农场大门的时候。转眼到了收割小麦的季节了，收割机格外忙碌起来了。旧式的蒸汽牵引车在前边引路，发出巨大的轰鸣声，那高高的"戴帽"的烟囱喷出青灰色的浓烟。又宽又大的车轮辗着道路上的碎石子，发出吱呀吱呀的响声。小诺尔曼非常喜欢这个庞然大物，因为是它拖着巨大的拖车，把金灿灿的小麦运到家里来。

每天早上，他都要和祖父一起，坐在拖车上，到麦田去收割小麦，每到傍晚，拖车又装满大麻袋往家里开，他们就可以坐在大麻袋上，有说有笑地享受着丰收的喜悦。这个牵引车，拉着那复杂的收割机，把小麦割下来，在收割机的肚子里走上一圈，金黄色的麦粒就从一个大筒里像天女散花一样喷洒出来，落到拖车里。而麦秸就自然一排一排地躺在田地里。小诺尔曼跟着收割机跑来跑去，不知疲倦地喊着叫着，有时还会躺在麦堆里打上几个滚。麦田里一片欢乐的景象，麦收季节是所有农家最开心最快乐的时候。

在当时，农业还不发达，机械还不是很多，个体农场是按照互助合作制度购买和使用这些机器的，他们规定，在收获季节里，凡是能干活的男人和男孩都要随着机器挨户挨家地轮流帮助收割，提高机器的利用效率。因此收割时，地里忙这忙那的人特别多。大家互相帮助，收完了这家的又收那家的，几个个体农场，这时似乎成了一个大农场。这样，收割期成了一年一度的节日，成了增进各农户友谊的好时机。淳朴的农民们和睦相处，给谁家收割都使出全部力量。因为大家都知道，抢在天气晴朗的时机把小麦装进谷仓是多么重要，哪一个环节都要快节奏。

在田地里，男人们大声呼叫着，和妇女们开着玩笑；妇女们一边欢笑着、嗔骂着，一边又为收割的人准备佳肴。全村的人们就如参加宴会一样，在一起吃饭、喝酒、闲聊。餐桌是摆在院里的，用木板搭起来的餐桌上铺好白床单，上面摆满了鸡、火腿、香肠、色拉、面包、蛋糕、馅饼、水果和家制糖果，等待着人们享用。小孩子们这时是最快乐的，他们可以在一起玩，想吃什么就随便往嘴里放。真是一幅淳朴、古老、和谐的田园风光。真诚和友谊使大家都获益匪浅，合作与支援使各家各户都能自得其乐。小诺尔曼在这样的环境里生活，耳濡目染，从小就受到了爱心、同情、友谊、奉献的教育。

收割的时间大约要十来天，小诺尔曼天天都要到麦田里去，田里的景象使他越来越着迷。他开始更加仔细地观察收割机的工作情况了。蒸汽机上巨大的铁飞轮飞快地旋转着，是那样有力，那样不可抗拒。一条又宽又厚的皮带随着它的转动，带动了打麦机，把碾下来的麦壳吹成一堆一堆的，金灿灿的麦粒转眼间就装满了一麻袋。吊臂又把一麻袋一麻袋的麦子装上拖车。他自然看不明白，但他总是要寻根究底，也不管祖父忙不忙，拉着祖父问这问那，提出许多有意思的问题。祖父非常欣赏孙子的好奇心，总是放下手中的活计，随着小孙子走到机器跟前，讲这是干什么用的，那又是怎样转动的。小诺尔曼不管听没听明白，总是眯着眼睛仔细听，乐呵呵地看着机器飞快地运转。

收获很快就结束了。为了庆贺丰收，人们搞了一次更加丰盛而轻松愉快的晚宴。人们喝着酒，唱着歌，有时候跳起民族舞蹈。孩子们更是乐不可支，活蹦乱跳，随便吃着好吃的东西，自由自在地玩耍嬉闹。人们在这个晚上，尽情欢乐，直到深夜才各回各家。

人们在欢乐之余，也都有些隐忧，特别是老纳尔斯和其他老人们，在餐桌上不时抽起烟斗，坐在那里沉思。看着年轻人欢乐地说笑，有时会露出一丝笑容，但一闪就过去了。原来，这几年燕麦的收成很好，但小麦的收成却一年不如一年。小诺尔曼当然不会注意祖父的神色，只是在听叔叔阿姨唱歌时，隐约听到他们唱到燕麦如何如何，却不唱小麦。他弄不明白，明明小麦能做面包，是人们的必需品，而燕麦只能喂牲口，做饲料。这支古老歌曲为什么只唱燕麦而不唱小麦呢？后来祖父告诉他：过去这里全种小麦，年复一年，好像是土壤的养分都用尽了。现在这里的土地似乎失去了小麦生长所需要的什么东西。所以小麦长势一年不如一年。但究竟失去了什么呢？这个谜底谁也解不开。小诺尔曼听了祖父的一番话，心里就想，土地失去了东西，要把这种东西还给土地。

不久，当他们在收获胡萝卜，芜菁、防风根和土豆的时候，小诺尔曼又想到了土地，想到小麦和燕麦。他想，假如在田地里有足够的灌木丛烧后的余灰，是否会使小麦比原来长得好些呢，因为他有了上次在菜地里点火烧灌木丛枝的经验。他大胆地把这个想法告诉了祖父，祖父一面听一面不断地点头，表示对他的想法颇为赞赏。这使小诺尔曼受到鼓励，心思就更在麦田上用功夫了。

小诺尔曼是个勇于实践的孩子，自从他的想法得到祖父的赞许以后，他就趁祖父和父亲维修机器和农具不在他们身边的时候，而是自己行动了。他在家里找到了一条2米长的绳子，独自来到河边。在河岸的灌木丛中，去拣枯干的树枝，捆成一小捆，背在肩上，沿着崎岖的羊肠小道，奔向麦田，把他拣来的灌木树枝一堆一堆地放在麦田里。他还很小，每次他只能背那么一点点，放在一大片麦田里丝毫不起眼。但是他心里有个信念，他盼望着这些树枝烧成灰以后，一定能使小麦长得壮实。祖父看到小孙子弄来的那一小捆一小捆树枝，心里明知道是太少了，是不会起什么作用的，但是孩子的这种精神和干劲真是太可贵了，不禁大大夸奖了一番，心里更是美滋滋的，因为家里出了这样一个懂事的好孩子。

小诺尔曼每次去拣灌木树枝，都弄得满身满脸泥土，衣服有时候被划出大口子，脸上也有时被划出血痕。妈妈看着非常心疼，就搂过儿子，一边为他拍掉身上的泥土一边说："孩子，这都是大人们的事，你弄那么一点点也不顶什么事儿，可别再去了，你愿意干活的话，在家里帮妈妈洗衣服不也挺好吗？"老纳尔斯听到儿媳的话，立刻走过来，轻声对儿媳说："小诺姆是个有心计的孩子，他去拣树枝，是件好事，我认为还真是难得呢！你不要制止他，这是锻炼，这是成长所必需的。"祖父不同意儿媳的溺爱，非常支持小诺姆在生活中经受磨炼。由此小诺姆更加热爱爷爷，更愿意和爷爷在一起，更愿意听爷爷的话。

整个夏秋两季，小诺尔曼大都在麦田里、在菜地里、在果园里活动。风吹日晒,脸蛋变得又黑又红,长高了不少,也结实了许多。光阴荏苒,转眼冬天来了,学校又开学了。小诺尔曼又带了奶奶准备的三明治和咸肉,和村子里的孩子们高高兴兴地去上学了。教室里坐满了学生,而且又增加了一些新同学。教师还是那位和蔼可亲的女老师,她还是那样热心地教大一点的孩子读课文,手把手地教小一点的孩子写字母。小诺尔曼长了一岁,大了不少,他已经不是学校里最小和最矮的孩子了。放学的路上,他也不用排在队伍的最中间了。他爱排在稍后一些,有时还能照顾一下更小的孩子。现在要是再下雪的话,他也知道在放学的路上应该怎样做了,就更不用表姐再操心了。

祖父的希望

　　1921年的4月份，正是春意正浓的时候。山林的积雪彻底融化了，呈现出一片深绿；小河在淙淙流淌，两岸的青草也萌发出新芽，绿茵一片；田地里人们三三两两的人影在油黑的土地上活动。这时节正是农场里活最忙的时候。人们要争分夺秒地利用好天气，去平整土地，把作物的茬子刨出来，再弄到地头去，然后用犁杖打成笔直的垄。冬季送到田里的粪肥，要一锹一锹均匀地撒在土地上；还要挑选良种，作发芽试验，然后是最关键最细致的播种。人们都是早上四五点钟就摸黑起床，收拾好工具，天才放亮，这就开始了一天的劳作。

　　这几天，小诺尔曼惊奇地发现，恰恰是在这最忙的时候，祖父和父亲却不到地里去干活，整天脸色忧郁地在屋子里踱来踱去，很少说话，很少见到笑脸。小诺尔曼不明白是怎么回事，心里在想，家里要有什么大事吗？

　　过了几天，家里突然忙乱起来，有些不同往常，父亲从外面带回来一个陌生人。那陌生人戴着眼镜，手上提着一个小箱子，径直奔向妈妈的房间，好一阵子才出来，神情严肃地向祖父和父亲小声地说着什么，然后就坐在那里吸着香烟。这时祖母却忙得不可开交，一会去烧开水，一会打扫屋子，一会抱起一堆被褥走进里屋。这时，小诺尔曼都看在眼里，却不太明白是怎么回事。

原来，小诺尔曼的妈妈要生产了，那位陌生人就是妇科医生。这几天来，小诺尔曼的妈妈就感到有些不对劲儿，似乎是胎位不正，很难正常生下婴儿。因此家里人和亲戚们都来探望。今天反应更强烈，估计是到时候了，这才请来了医生。经过医生检查，果真问题挺严重。那个年头，医疗水平和接生技术都还不太高明，条件也相当简陋，一旦出了问题，没有医院可去，只有一个医生来处理，所以大家都十分担心。

第二天早晨，爸爸到楼顶小屋把小诺尔曼叫醒，告诉他今天就不要上学了，留在家里照顾小妹妹。他奇怪地问爸爸：这是为什么？爸爸说：家里又添了一个人。7岁的小孩子，还不知道孩子是从哪里来的，不知道母亲生孩子的事．因此父亲也只告诉他家里又多了一个人。

"是一个小弟弟吗？"小诺尔曼赶紧问，他多么希望有个小弟弟呀！

"不，是个女孩，你又有一个小妹妹了，我们给她取名叫海伦。等一会儿，你可以去看看她。"爸爸满脸忧戚地说着这番话，小诺尔曼实在是有些莫名其妙。

小诺尔曼到他母亲房间里去看看母亲和小妹妹。他看到母亲静静地躺在床上，身体十分虚弱的样子，两眼湿润，安静中透出隐隐的悲伤。那个小婴儿躺在母亲身边，一动不动，两眼紧闭，面色苍白，没有哭声，更没有笑容。母亲似乎没有说话的力气，只用一只手摆了一下，招呼小诺尔曼到身边来。他把头靠近母亲的脸，小声地说："妈妈，妈妈，你不舒服么？不是来过医生看你了吗？现在还不见好吗？"母亲微微点了点头，摸着他的头，用手指细心地梳理着他纤美的头发："妈妈很好，没有什么病，听爸爸的话，好好哄着妹妹玩。"母亲亲切地对他说。他这才被祖母拉着走出了母亲的房间。

家里添了婴儿，本应是一件喜事，但是全家人就是高兴不起来。整整4天，全家都笼罩在阴郁的气氛里。到了第5天，小诺尔曼看到祖母在厨房中哭泣，祖父正在轻声地安慰她。父亲满脸愁容地走进来，他轻轻地拉着小诺尔曼的手走到院子里，然后轻声地说：刚来到人世的婴儿又被上帝召回天堂了，诺尔曼要同两个妹妹到外祖父家去暂住几天，因为家里有些事情要办，小孩子不在家的好。才生下几天的婴儿为什么那么急于回天堂呢？至于这一点，父亲没有告诉他。直到后来小诺尔曼才知道，这个婴儿一生下来就有严重的先天性心脏病，母亲生她时又是难产，做了手术。当时的医疗条件很差，医生没有什么办法保住婴儿的性命。

当这个婴儿被埋葬在路德教堂之后，小诺尔曼才同他的两个妹妹回到家里。到家后，他看到妈妈满脸泪痕，虚弱地靠着枕头躺着，他立刻奔过去，扑在妈妈的怀里、妈妈亲吻着儿子的脸蛋和秀发，拍着他的肩膀，比往常更加亲切，更加爱怜。爸爸站在一旁，脸上稍微有了一点笑容。祖父在一旁看到这种情景，就把他拉过去，悄悄地领他到河边钓鱼去了。

很快一两天就过去了，家里的一切又渐渐恢复正常了。祖父和父亲又起早贪黑地在田地里干活，好像是要抢回这些天来耽误的活计。祖母要操持各种家务，还侍候母亲。复活节过后，大妹妹巴尔玛也开始上学了。小诺尔曼就承担了一项新的任务，在上学和放学的路上照看妹妹。家里那件不愉快的事很快就过去了。新生婴儿毕竟在人间的时间太短促，还没有和家人建立起什么感情，就急忙地走了。因此，这件事似乎也很快被人们彻底遗忘了。直到小诺尔曼成年以后，他才了解到当时所发生的这件事的严重影响：妈妈由于难产，已经完全丧失了生育能力，小诺尔曼就是纳尔斯家传宗接代的唯一男孩了。这种情况促使祖父对他的态度有了明显改变。这些他在当时就感觉到了，但却不太明白其中的原因。

小诺尔曼一直盼望着有个小弟弟，祖父也希望家里有两个男孩更好，但是现在这种愿望却是永远也无法实现了。小诺尔曼成了纳尔斯家的宝贝，也是祖父唯一的希望。所以，自从那个婴儿一死，祖父就更加爱护小诺尔曼，他总是花费尽可能多的时间和小孙子待在一起，无论是在家里还是在田地里，祖父都要小孙子时刻在眼皮底下，除了上学之外。吃饭让他坐在身边，睡觉时也把他搂在被窝里，不再让他到楼顶的小屋里独睡。早上上学时，祖父也要为他整理衣服，看他带的午饭分量够不够，有时还要让老太婆给带上他最爱吃的咸牛肉干。而至于巴尔玛怎么样，老纳尔斯还真的不太过问，一颗心都用在了小孙子的身上。这种感情小诺尔曼是深深地体会到了。因为在当时重男轻女的观念还很重，老纳尔斯更是一个倔强的老头，他认为男孩能干大事，能有出息，至于女孩长大了嫁出去就完事了。再说小诺尔曼又是一个十分懂事、十分聪明的孩子，更得到祖父的喜欢。更多的时间，是在吃完了晚饭，老纳尔斯点上烟斗，一边吸着烟，一边拉过小诺尔曼，低下白发苍苍的头，亲切地给孩子讲解那些土地的知识和朴实的哲理，回忆自己的经历，谈论自己的愿望和设想，有意无意地教导孙子怎样生活、怎样劳动、怎样诚实、怎样不怕困难。祖父是多么希望小诺尔曼能够有出息，能够继承家业，能够光宗耀祖哇！

有的时候，祖父也带着小诺尔曼到外边去。凡是能够带着孙子的机会，决不放过。祖父的想法，一个是喜欢孙子在身边，另一个是让孙子见见世面，早一天多长一点见识。每个星期总有三个放学后的黄昏，祖父都要带他到斯奥德去交售农产品。祖父套上马车，装上盛满小麦的麻袋和盛满牛奶的大桶，把他稳稳地放在麻袋中间，然后赶着车沿着山间小路向斯奥德奔去。祖孙二人在车上欢欢乐乐，无话不谈。一路上的山林风光吸引了小诺尔曼，这是他最高兴的时候。

斯奥德距离纳尔斯家并不太远，马车走上个把钟头，小村子的高大房屋就从林子中露出来了。这个小村子是1850年建立起来的。当时只有几座木屋，现在房子多了起来，人也多了起来。那里有一个杂货铺，一个专门收购农户剩余奶类的奶制品加工厂，一家磨坊，还有一家铁匠炉。铁匠炉那砖砌的大锻炉整天熊熊地燃烧着，大风吹出的火星溅满了石铺的地面，打制的各式镰刀、钗子、铁铲、锄头等农具，一溜整齐地摆在靠街面的长条桌上。村民还用木板在街道的一侧砌起了人行道，使得妇女们经过这里，就不必再担心会被弄脏而提起他们长长的衣裙了。小杂铺是人们必须光顾的地方，店里总是人来人往，倒是没有什么高级的商品，但农家的日常用品却是很齐全。老板热情地招呼顾客。

　　祖孙俩卖完了粮食和牛奶，必到杂货铺里来，买些针头线脑、油盐酱醋。祖父总是不忘给孙子孙女买上点东西。这次给小诺尔曼买个木制文具盒，下一次又给小妹妹买双袜子。每当这时，小诺尔曼都不忘提醒爷爷，给祖母和母亲买点小花布什么的。老纳尔斯和那老板聊了些麦田收成和家里平安如常的闲话，就急着赶车回家了。

　　而每到星期六，祖孙二人就时常骑着马出去看朋友。小诺尔曼开始骑马的时候，总是胆怯，生怕摔下来。祖父就把他家那匹最温顺的老马让孙子骑，并且和自己并排慢走，牵着老马的缰绳。告诉小诺尔曼：两腿夹紧马肚子，双手抓住马鬃，眼睛往前看，别往地下瞅，鼓励他要勇敢点，男子汉不会骑马怎么成呢？

是马三分龙，老马也有撒欢的时候，有时踢蹬起来，吓得小诺尔曼脸色煞白。骑过几次以后，他便习惯了，他坚持要自己牵住缰绳，要跟在祖父的马后面。渐渐骑得熟了，有时还会偷偷自己在晚饭后骑上那匹老马到林子边缘或小河岸边去转一圈。每到河边，就把马牵到水边，让马喝水，给马洗澡。练习骑马使小诺尔曼的胆量渐渐大了起来。

他们常到波希米亚人的定居点去，和那里的人们混得很熟悉了。有时参加那里的晚会，又跳舞又唱歌。那里的人仍保持着他们民族固有的风俗。和纳尔斯一家截然不同，小诺尔曼感到新奇。那里的人穿着民族服装，女孩子穿的衣衫装有美丽的蓬松的袖口，她们还喜欢围着绣有花边的围裙。男人们则留着车把式那样的胡须，总是叼着长长而弯曲的旱烟管，烟管上有个小盖，点烟时，它就会张开。那是一个充满欢乐和洋溢着热情的小镇，人们非常好客。老纳尔斯一去，就和男人们交流种植小麦的体会和经验，也时常拉过小孙子让他和一些男孩子一同玩耍，说些做算术题、写字母的事情。活动最多的是在一起跳民族舞蹈，就是在那里，年轻的诺尔曼学会了跳波尔卡舞。祖父还时常告诉孙子怎样和大人打招呼，怎样礼貌地和大人们谈话，怎样表现得大方得体。小诺尔曼在那里受到人们的爱护和称赞，人们都夸他是个懂事的好孩子。

祖孙二人常去看望老师。在学校的那座院子里，东面一大间是教室，隔着一条很狭窄的走廊，西边那间就是老师的家。女教师的丈夫是位医生，就是那位给小诺尔曼的母亲接生看病的陌生人。那里方圆百里只有这一位医生。他要整天到农家给病人看病，白天很少在家。小诺尔曼上了几年学，却一次也没有见过这个人。傍晚祖孙二人去拜望老师，才认识了医生。医生很喜欢小诺尔曼，拉着他说话。祖父则向老师询问他的孙子孙女学习怎么样，在学校是不是守规矩。小诺尔曼看着医生的药箱，天真地说："您给人看病，将来我要给麦田看病，不让它们生病生灾，让麦田都长得那么好，多收粮食，让爷爷高兴，让农家的孩子都能吃得好吃得饱。"

当祖孙二人在一起的时候，祖父就会对他无话不谈。祖父那种什么都要怀疑、什么都要寻根问底、什么都要弄个水落石出的特点，给小诺尔曼留下了深刻的印象。小诺尔曼认为祖父简直是个天生的叛逆者。这位老人认为：观念、习惯、风俗，不能因为得到了大多数人的赞同并为其接受就是正确的。每个人都应该独立思考，而不能随波逐流。对于人们的风俗、传统、习惯，对于有偏见的宗教，祖父都经常加以严厉地批判和抨击。特别是对于宗教，这位老人一直抱着怀疑的态度。那个年代，在西方国家，宗教是高于一切的，但是祖父却不怎么相信真有什么上帝。他总告诉小诺尔曼，人生活在世界上，要靠自己的头脑和双手，要靠自己的坚强意志和辛勤劳动，以求得愉快的生活；把希望交给上帝，还不如把希望交给大地，大地是我们的命根子；上帝依靠不得，别人也依靠不得。

在小诺尔曼的记忆中，每次晚餐之前的祈祷，都是由母亲来做。祖父总是默默地坐在桌旁，心不在焉地看看这里，望望那里。农场的人每周都要去教堂做一次礼拜，老纳尔斯也不得不和大家一起去，但是怎么也看不出他的虔诚表情，只是应付而已。小诺尔曼对爷爷是相当崇拜的，他认为爷爷的话都是正确的。事实上，老纳尔斯对一切事情都有自己独到的想法，他种庄稼也敢于采用新的有创意的方法，因此每年庄稼都比邻家农场的长得好，收成也多一些。小诺尔曼受到爷爷的影响和教导，变得越来越不拘一格，也常常冒出些新点子，提出一些令大人吃惊的怪问题。

有一次，祖父对他说："诺姆，不要总从表面现象去判断事物。""对待任何一个事物，都要先仔细观察，然后认真思考一下，不要急于下结论。要是匆匆下结论，你十之八九会后悔的。经过仔细的观察和思考，你就可以得到正确可靠的结论。这对人对事都一样，要特别提防那些虚伪的教徒，他们从来就没有像上帝创造众生和塑造万物那样，按主的真正旨意实实在在地办过一件事。再说主和上帝也是人们造出来的。谁知道他们在哪里，他们是否真的创造了世界。那些教徒只是在说教，在制造流言飞语，在进行诽谤。你可要留心他们，要保持清醒的头脑。"小诺尔曼还不能完全听明白祖父的话，但他理解到，要像祖父那样遇事要靠自己动脑想办法，不要轻易地相信别人的观点，自己认定的事，就要坚持实行下去。像爷爷种小麦一样，别人都是大宽垄，而他敢于把垄打得小一些，种子撒得密一些，结果收成就多一些。有时祖父还在一片麦田当中，每隔十几垄就种上几垄玉米或大豆。这些与其他人家的不同，小诺尔曼看在眼里，想到祖父的话，真的佩服祖父是一个言行一致的老人。祖父长期的熏染和教诲，使小诺尔曼受益匪浅，逐渐性格上越来越像他的爷爷了。他

的祖母就欣喜地半怨半嗔地对他母亲说:"小诺姆这孩子听话倒是很听话,就是像他爷爷一样有个倔脾气,主意特别正。"

老纳尔斯是一位头脑非常敏捷、知识面很广的老人。他年幼时,家里农活太多,比较困难,只读了三个冬天的书。但是几十年来的生活劳动经验,使这位老人深信:学习能使人变得坚强有力。他十分关心小诺尔曼的学习,一天的农活再累,他也是每天必问孙子学了什么,老师留的作业写完了没有,算术题会不会做,算错了没有,单词记住了多少,能不能写下来。有时还把麦收的数量编成题目,让小诺尔曼算一算账。他常常利用一切机会向小诺尔曼灌输他的观点,当祖孙二人去斯奥德办事时,他们有时坐在树荫下的车中休息,老人就时常指着街上的某某人对小诺尔曼说:"诺姆,好孩子,你瞧见那边一个年轻人了吗?你看他举止多么优雅,办事多么自信多么果断。好孩子,你仔细观察他,他是受过良好教育的。对于一个人来说,受教育,就会具有一定的生活常识,遇事有主见,这些都是非常重要的。好孩子,你长大以后,一定要像这位年轻人一样,还要立志超过他,爷爷的希望就在你身上了。"每当这时,小诺尔曼都是默默地点头。他心想:爷爷说得对，我要做个好孩子，更要做个好学生，不能让爷爷失望，爷爷干那些农活是多么累呀！为我们吃好穿好真是费尽了心力，我要有点志气，将来干点大事，让爷爷高兴。

闻到了泥土的芳香

转眼就到了夏天。这一年夏天的雨水特别多,三天两头就要下一场大雨。南面的小河涨水了,急湍流动的河水淹没了两岸的灌木丛,岸边的水稗草也像和河水上涨比赛一样,长得格外茂盛。

雨水使庄稼长得越来越好,起初人们还满怀喜悦,以为今年又是一个好年景。但是,渐渐地人们开始担忧了。连日大雨使低洼地块里的庄稼多日泡在水里,要涝了。老纳尔斯和亨利每天都要冒着雨到田地里去察看水势。小麦种在较高一点的地块上,地里没有水,玉米和大豆则种在低洼的地块上,那里积满了雨水,已经有五六天了,排不出去。祖父和父亲忧心忡忡的样子,小诺尔曼看在眼里,也跟着着急。

这一天,小雨不停地下着,祖父和父亲商量了一下,就到仓库里拿来两条空麻袋。祖父把麻袋沿着两个底角向一面翻转折叠过来,就成了有一个角的能顶在头上和披在背上的防雨用具,然后父子俩拿起铁锹,他们要冒雨到田里去设法放出淤水。这时，7岁的小诺尔曼也到仓库里取出一条麻袋，学着祖父的样子，弄好了披在身上，他要跟祖父一起到田里去。妈妈急忙奔过来，拉住他的手："小孩子不能去，淋着雨要感冒。"说着就要拽下那条麻袋。小诺尔曼两手用力抓住麻袋两角，不让妈妈拽去，嚷着非要和祖父出去。祖父回过头来，看看孙子着急的样子，和那求助的眼光，祖父就说："今天雨还不算大，不要紧的，还是让他去吧。小孩子经经风雨也好，越摔打越结实。"说着拉起小诺尔曼的手走出大门。不一会儿，三个人就消失在蒙蒙细雨之中。

　　三个人来到低洼的玉米地里，祖父和父亲用铁锹在田头挖起了深沟。泥土已经很软了，挖起来还不太费力气，不一会就挖了好长一段。他们选择田地边上最低的方向，在那里挖出深沟，沟的一头朝向更低的小河的方向。这样田里垄沟里的水就淌到沟里，再顺着沟流向小河的方向。这个办法是老纳尔斯想出来的，他几天冒雨观察地形，终于想出了这个办法。还真管用，不到半天的时间，玉米地里的水就排得差不多了。但是，土地不能那样平坦，还有些更洼的地方的水流不出来。这时，小诺尔曼就脱掉胶鞋光着两只脚丫，去到玉米地的低洼处用双脚顺着垄沟趟着积水,一点一点地把水推到田边的沟里。遇到横垄,水顺着垄沟排不出来,他就用脚在两棵玉米苗之间,沿着高低方向,横着把垄踩出一条沟来,一垄一垄地踩,水就顺着这条小沟缓缓流向深沟里。祖父看玉米地里的水也排得差不多了,松了一口气,招呼小诺尔曼快到河边去洗一洗,该回家吃晚饭了。

三个人进得屋来,奶奶和妈妈马上端来了姜汤,让祖孙三人都喝一些,暖暖身子。爷爷边喝边说:"小诺姆今天真成了我们的好帮手。"小诺尔曼从来没有喝过这带有辛辣味的姜汤,他有点嫌辣,不爱喝,就要把碗放下。爷爷又对他说:"这姜是驱赶寒气的好东西,它到肚子里就会往外发热,淋了半天雨,你无论如何要忍着喝下去。"小诺尔曼知道,祖父的话就是真理,双手捧着大碗,三五口喝下去,额头上就冒了汗珠。

第二天果真是个好天气,一家人早早就起来了。小诺尔曼和祖父、父亲一起到土豆地里去锄草。一朵朵白云在蓝天飘过,就好像雪白的羊群在缓缓散步。微风拂面,带来了清晨泥土的清香。一群群鸟儿从远方飞来,它们正等待时机,好从新翻开的土壤中觅食虫子。他们来到田地里,还听见羊羔要吃奶的叫声,听见马骡嘶叫的声音,这些声音在宁静的清晨，在山林里引起回音，显得悠长，经久不息。他们开始锄着垄上的杂草，土豆地本来就种在地势比较高的地块上，因为土豆是不耐涝的，雨水多了，根茎就会烂掉。虽然昨天下了大半天雨，但地里还不太黏，能够轻快地把草锄下来。锄头松动了土地，伴着清新而湿润的空气，更是弥漫着泥土的浓郁芳香。小诺尔曼拔了一会儿土豆秧苗中间的大草，不知不觉地捧起一把土，紧紧地贴在脸上，他深深地吸了一口这令人陶醉的香味。祖父正站在一旁倚着锄把，目不转睛地望着他，蓝蓝的眼睛里闪烁着喜悦的目光。他是那样专注地凝视着孙儿的面容。

祖父也蹲下身来，面对小诺尔曼，亲切地说："诺姆，好孩子，你闻到泥土的香味儿了吧？多闻闻吧，好好地闻闻吧！要知道你现在闻着的是生命啊！你必须记住，人要是没有土地，那是活不成的！在地里能长牧草，牛吃了这些草，就为我们提供牛肉、牛奶、黄油和奶酪；土地使百花盛开，蜜蜂才能为我们提供蜂蜜；广阔的大地，使小麦和燕麦茁壮成长，为我们提供了粮食和面包。孩子，你看那些狡诈的人，他们总是虔诚地望着上天，祈求上帝保佑，希望给他们降下安乐。应该告诉他们，眼睛不妨还是往下看为好，看看脚下的大地吧！这哺育万物的大地才

是我们真正的母亲啊！上帝不在别处，就在这大地上。"

看到孙子深情地闻着泥土的情景，不禁触动了老人的思绪，他想起了自己怎样地在这片土地上度过了令人难以忘怀的童年。他为自己走过了艰难的道路而骄傲，也为自己的孙子现在这样无忧无虑而欣慰。纳尔斯·布洛格已经在这片土地上度过了60年，斯奥德附近大地的芳香他是多么熟悉呀！特别是在夏季，当干旱的大地被一阵暴雨冲洗之后，空气里散发着泥土的芳香味和现在一样，实在是太令人神往了。当他的父母刚刚迁到这里的时候，就是这块土地使他们产生了生存下去的希望。这块土地养育了布洛格家的四代子孙。因此，他深深地依恋着这块土地。看到孙子对这片土地的依恋感情，心里得到了极大的安慰。当然他也绝不会忘记他那创下这份家业的老前辈，像其他的老人一样，他也经常把昔日的一切告诉孙子。在几十年前，他的父母是怎样漂洋过海寻找肥沃的土地，开辟新的生活。在当时，向遥远的异乡迁徙是一件非常冒险的事情，而他的父母就是这勇敢的移民的先驱者。他每当向孙子讲起这一段历史时，脸上总是充满自豪的神色。

纳尔斯·布洛格的故乡，是在挪威中部。直到19世纪50年代初期，他的父母才离开那里。当时，一方面是因为担心欧洲日益加剧的动乱，另一方面，是由于仅仅靠他们在家乡的那几亩贫瘠的土地已经无法维持一家人的温饱，他们终于忍痛离开自己的家乡，准备去闯一条生路。虽然他们还不清楚走这条路到底是不是生路，但他们还是要闯一闯。他们带领着两个孩子，就是纳尔斯的两个哥哥，和其他一些挪威人结伴，一起横渡大西洋。接着，他们从圣劳伦斯河逆水北上，到达蒙特利尔，然后再取道五大湖，最后到达密执安湖湖滨，也就是现在的威斯康星州米尔沃基附近的地带。路上的千辛万苦，那难熬的岁月，老纳尔斯听父亲讲过，如今又讲给孙子听，祖孙二人同时受到感动。

布洛格一家同其他几家结伴而行，他们赶着牛车，跨过广阔的原野，在麦迪逊附近定居下来。在这块新开辟的土地上，这几户人家互相帮助，互相鼓励，结下了深厚的友谊。其中一户人家与布洛格一家的关系更为密切，那就是后来与小诺尔曼的祖父结婚的祖母的一家，他们是从挪威南部迁来的。

在麦迪逊定居后的第一年，纳尔斯·布洛格呱呱落地了。这一年，他们遇到了前所未有的困难。于是，在纳尔斯还不到一周岁的时候，他的父母又打好行囊，带着三个孩子，坐在带篷的牛车里，又向西方出发了。他们在南达科塔找到了一片草原，但是这里也不是他们理想的地方。他们在这里住了一年，而且终年处于当地土著人侵袭的危险之中。纳尔斯的父亲不带枪就不敢外出一步，他根本不能离开他的小屋而到别的地方去。这里根本不是生存的地方，全家人非常苦恼，生活也非常艰难。过了一年，他收到了一封信，这信是曾经同他一起在麦迪逊居住的两户挪威移民写来的。信里说：他们已经找到一片可以开垦的土地，那片土地土质肥沃，地势平坦，并且既有水源，又有树木，是个谋生的好地方。只要肯卖力气，在那里会很好地生存下去的，希望布洛格一家前去同他们一起开垦。

当布洛格一家到达那里的时候，那两户人家早已盖起了房屋，开垦出了一些土地。他们按照挪威家乡的习惯，给这个小小的定居点取名叫斯奥德。后来，其他人家又陆续来到这里，其中就有后来是纳尔斯的新娘的艾玛一家。

纳尔斯的父亲在朋友们的帮助下，建造起了一座木房子。从此，他们就在这里定居了。这座木房子建造得很坚固，即使是到了20世纪20年代，还同它初建时一样，只是旧了一些。后来，他的大哥继承了这所房子。纳尔斯就在附近自己盖了一座木房子，比先前的房子更大、更结实。因为山林里有取之不尽用之不竭的木材。纳尔斯是个既能干又要强的人，因此木房要建得更像样一些。这就是他们一家现在住的房子。

纳尔斯一年一年地逐渐开垦土地，扩大自己的农场，到现在已经拥有 48 公顷的土地了。诺尔曼的父亲亨利，就是在这座房子里诞生的。亨利在纳尔斯和艾玛的四个孩子中排行老二。亨利和他父亲纳尔斯一样，都在村外那所农村小学上过学，但是他父亲纳尔斯只上了三年小学，到能够看点书，写封信，算个小账的程度就不能再上学了，因为家里太需要劳动力，这也是当时一般贫苦农民的文化标准。在当时的人们看来，上学是一种奢侈的事，至于上中学，那更是极少数人才能享受得到的，而一般人根本就没有这种资格。

纳尔斯是个非常爱学习的人，因为家境不许可而被迫中途辍学，让他十分惋惜。这反而使他的求知欲望更为强烈，他决定无论如何也不能让自己的孩子再像自己一样。他拼命干活，要为亨利创造良好的学习条件。他让亨利坚持读完了农村学校的 8 年课程，而且还想方设法送亨利到 48 公里外的一所小型商业学校，读了两个冬季的课程。但是，在第二学期末的时候，亨利认识了克拉拉，两个人由相爱而结了婚。从此，亨利两口子就寄住在父亲家中，在父亲的农场里干活。

老纳尔斯家的这段勤劳、艰辛、创业的家史，是他断断续续地讲给小诺尔曼听的。他的用意就是：要让孩子明白创业的艰难，土地对于人们的重要性。小诺尔曼从这段家史中，更深刻地认识到祖父先前说的话：这哺育万物的大地才是我们真正的母亲。小诺尔曼直觉地感到，这散发着芳香的土地，就是全家人的生命，就是祖父的命根子。他又想到了小麦长势一年不如一年的事，于是，暗下决心将来自己一定要弄清它的原因，解决这个问题，让小麦一年比一年高产。让爷爷高兴，让全家人过上更好的日子。

小诺尔曼把自己的想法，断断续续地告诉了祖父，老纳尔斯听后非常欣慰，他的苦心没有白费，小孩子开始懂得了更多的东西，也开始养成了思考问题的习惯。但是，怎样解决小麦长势逐渐不好的问题，老纳尔斯凭着自己的经验是无论如何也解决不了的。他已经做过多次尝试，效果都不大。他知道，这里面有学问，这个学问，对于他这个只读过三年小学的人来说，是没有办法弄明白的。他真的把这个希望寄托在孙子身上了。他想，亨利念完了小学，专科又中途而废，很不称心。现在，要让孙子比他父亲更强，非要培养他上大学不可。老纳尔斯有了这种想法和愿望，对小诺尔曼的学习就更加关心了。

老纳尔斯一家年复一年的辛勤劳作，收成倒是还可以，但粮食的价格太低，换不了几个钱。家里虽然吃穿可以满足，但是钱却是非常紧张的。尽管这样，只要是小诺尔曼上学念书的花销，祖父都是毫不犹豫地拿出来，尽量满足孩子的需要。小诺尔曼用的书包、文具盒、铅笔、小刀、本子，在同龄的孩子们中间都是最好的，也是供应最充足的。

晚上，祖父除了询问小诺尔曼的学习情况外，有时还把家中收支账本拿出来，放在孙子的面前：

"喂，诺姆，你的老师夸你算术学得不错，你看看在这本账簿里，我有没有算错的地方？"那时，小诺尔曼才8岁，祖父这样做，不过是促使他开动脑筋罢了。祖父虽然只念过三年小学，但字却写得又清楚又漂亮，记的账目也非常仔细。小诺尔曼仔细地看着，算着，他却有了进一层的想法。他了解到了家里全部收支的情况，那种节俭生活和精打细算给他留下了终生难忘的深刻印象。

他明白了祖父为他创造学习条件不惜花钱的苦心。他边看边想，原来全家一年的收入才只有120美元，也就是说，他们这个7口之家每周的收入才只有2元2角，这就是全家4个劳动力全年辛苦劳动换来的。消费的支出只用在生活必需品上，比如：

盐	2美分
胡椒	2美分
醋	4美分
线、针	5美分
玉米红法兰绒	1美元
罐装油	20美分

有些开支没有记在账上，比如：靴子。一双靴子都要穿几年，坏了就缝一缝，后跟磨薄了就换后跟，靴面上经常打上兽油，除非无法再缝补了，才换新靴子。衣服、衬衫、裤子全是大孩子穿小了再给小孩子穿，衣服破了，祖母和母亲就在晚上补好。被褥都不知用了多少年，由于常盖和洗，也上了补丁，变了颜色，但是祖母和母亲还是把它们洗干净，再补好。至于窗帘，那简直更被看做是奢侈品了，平时根本舍不得挂。那时，他们过的就是这样俭朴的生活。

小诺尔曼自从看了祖父的账簿，就更明白了大人们为了这个家生活得不至于挨饿费了多少辛苦，费了多少心思。他体会到了生活的不易，更体会到大人们的辛苦。

　　俗话说：穷人的孩子早当家。小诺尔曼清楚地知道，这一切花费，都是从土地里来的，土地不仅只有芳香，它还是一家人生活的源泉。由此，他更加自觉地帮助祖父和父亲干力所能及的农活，不浪费粮食，不向妈妈要新衣服穿。他使用的铅笔，总是小心翼翼地放在文具盒里，直到用到手拿不住了的时候才更换新的。他的小本子正面写满了，再翻过来在背面写，在大字中间又写小字。他的学习也加倍用功，语文和算术都是学得非常好的，总是在学校里考第一名。

明白了知识的重要

当秋收结束以后，冬天即将来临的时候，学校又开学了。老师对开学的时间总是掌握得那样准确，受到了各农家的欢迎，大家都准时地打发孩子去上学。小诺尔曼便领着妹妹巴尔玛，高高兴兴地来到学校，他让妹妹坐在自己的身边，帮助妹妹整理书包，削好铅笔，手把手地教妹妹把每一个字母都写得端端正正。

现在，小诺尔曼已经算是较高年级的学生了，老师给他们上课的时候逐渐多了起来，要学习语文、算术，还有自然、地理和历史。在那个年代，农家的孩子大多数仍然是念完了8年小学，就要回家帮助父兄种地，因此学校也安排了农业生产常识的课程，让学生学到干农活的基础知识。

老师要给同学们讲土壤、肥料、水分、阳光等作物生长的基本条件，还要讲各种作物的生长特点和习性，讲各种作物栽种的时机和怎样播种、锄草、收割。没有现成的教材，老师都是结合农场活计的情况，由浅入深地仔细讲解。有时还要征得农场主人的同意，带领孩子们到最近农场的田地去让孩子们看实际的东西。因此，到8年级小学毕业的时候，孩子们都基本上掌握了干农活的本领。

小诺尔曼最愿意听老师讲关于农业方面的知识。他比别的孩子参加农业劳动的机会多，因此学起来非常省力。有许多东西都是他曾经见到过的，有些还是他已经干过的活。他细心观察过小麦的生长过程，对于小麦什么时候发芽，什么时候分蘖，什么时候抽穗，什么时候开花，什么时候成熟，都知道得很多。对小麦各种时期怎样施肥、锄草，也都非常清楚。因此当老师讲到小麦种植的课程时，他能给老师提出许许多多实实在在的补充意见。有时还问到他迷惑不解的问题，比如他总在心里记挂着的，小麦为什么长势一年不如一年，为什么有的地块长得好，而有的地块又长得不好等等问题，使老师惊奇地发现这个孩子对小麦怎么会有这么多知识，又怎么会产生如此强烈的兴趣呢？

美国的学校上课是比较自由的，学生随时可以发问，师生经常展开讨论，课堂宽松和谐得多，非常注重能力的培养。老师讲课当中，时常让小诺尔曼说一说有关小麦生长的知识和问题，他总能说得实实在在，当然那是非常简单和一般的常识。就是这样，也表现出与其他孩子不同的地方，老师对他非常喜欢，佩服这个孩子的观察力和独立思考的能力。

小诺尔曼在学校里学到了许多他原先根本不知道的东西，使他产生强烈的好奇心，感到种植农作物还真有点学问。每当放学回到家里，他就把在学校里学到的知识向祖父复述一遍，有时也使多年靠经验种植农作物的祖父多少开了开眼界。

比如施用化肥，老师讲在许多先进的农场已经开始使用，能够大幅度增产。而老纳尔斯对"化学肥料"是什么东西还根本不知道。再如什么除草剂，撒到田里就能够不长杂草，那就更是天方夜谭。还有什么新式的联合收割机，能够一次性完成收割、脱粒、装车等各种程序，引起了祖父的极大兴趣。还有什么小麦的各种病害，茎锈病、黑穗病、枯黄病等怎样防治，怎样使用农药，更是说到祖父的心里去了。老人毕竟对问题的看法更深一些，透一些。每当这时，他就告诉孙子："种植小麦看似简单，实际上有许多知识连我也弄不懂，只能顺其自然，只能依靠老天，好就好，坏就坏，没有什么办法。诺姆，我的好孩子。用心学吧，爷爷解决不了的问题等着你替爷爷解决吧！爷爷等着这一天，这一天一定会到来！"

1922年夏季，当诺尔曼正好满8岁的时候，家里发生了一件大事。那就是与他家农场接壤的一块22公顷的土地正在出售。附近一家农场由于劳动力不足，耕种不了那么多土地，再加上儿子结婚急需用钱，所以要把多余的土地卖掉。老纳尔斯是了解这块土地的情况的，多年看着那块地庄稼的长势，认为土质还算可以。最可贵的是与自家的土地紧挨着。于是祖父就建议诺尔曼的父亲买下来，作为自己的农场。祖父认为这块地的价格比较便宜，并且估计不久地价就会上涨。买下这块地，可以使家里增加收入，再说小诺尔曼逐渐长大，能够帮助大人干更多的活，满可以种植得好。总之，买下来是很合算的。祖父还和父亲说，如果这块土地不够大，或者土质不是太好，收获的农产品不够亨利一家五口生活的需要，他们还可以两家的农场合并起来，仍然共同生活。

欧洲人的生活习惯，子女成人后都是要独立生活的，父子兄弟之间账目也是要算得清楚的。老纳尔斯建议儿子独立建立农场，是符合挪威人的观念的。对于亨利来说，他当然希望有自己的农场，但是他没有那么多钱。也担心这块地不足以养家糊口。经过一番周密细致的计算和热烈

的讨论，老人家的意见占了上风。于是，祖父就把他自己的全部积蓄——850美元，连同他自己农场的地契均交给银行做担保，购买了这块土地。

诺尔曼的父亲非常感动，深切体会到了老人家对他的关怀，他非常感谢父亲对自己的支持。在签订买卖契约的时候，亨利落下了激动的眼泪，克拉拉也在婆婆面前抽泣起来，父子亲情在这一时刻得到了升华。亨利直率地表示：今后虽然各自管理自己的农场，老人家的活计他一定要帮着干。

这样，他们的大家庭自然要分做两家了。房子是够两家住的，农具两家合用，也绰绰有余。从此，祖父就要一个人在自己的农场里干活，那当然要忙得多，要比以前劳累得多，而且还得设法找帮工。同时，亨利和克拉拉也该有自己的家了，因为像祖父那样健壮的人，完全可以活到100岁，所以要等着继承祖父的遗产。那得等多久啊！

这件事，对于小诺尔曼来说倒是没有太大的影响，他照样可以和祖父在一起，同样可以得到祖父的爱护和教导。他还是到自己常去的土地上帮助大人劳动，不过，现在是帮助祖父了。每到农忙的时候，亨利总是让诺尔曼和祖父一起干活，当祖父的帮手。祖父和祖母都要让小诺尔曼和他们一起吃饭。在小诺尔曼的感觉上，祖父和祖母对他更好了。餐桌上的好东西祖母总是让他吃个够。到了上学的时候，仍然是祖母为他装上饭盒。祖父还和父亲亨利郑重地提出，小诺尔曼的被褥要搬到他的房间里，让孙子和他们一起睡，因为晚上要小诺尔曼替他记账。小诺尔曼当然愿意和祖父在一起，孝顺的亨利当然不会反对，小诺尔曼成了形式上的两个家庭深厚感情的纽带。

最初的三四年里，亨利在自己的农场上遇到了一系列的困难。独立经营农场经验还不足，需要祖父常常来帮助出主意。什么时候播种，什么时候施肥，有时火候掌握得还不是很恰当，也要时常向自己的父亲请教。最使他劳累的是，新买来的这块土地，由于原来的主人土地太多，虽然耕种多年，但莳弄得不是很细，在地里还有许多橡树根没有清除干净，必须一棵一棵地挖出来，增加了许多活计。土地的差异也很大，往往有的地块的庄稼长势喜人，而另外的地块作物却长得很不景气。收成不是很好，亨利付出的劳动远远超出了从中获得的收益。在当时，农民还根本不知道"化学肥料"的存在。虽然施厩肥已证实对农作物有利，但可惜的是数量实在太少。亨利的农场远远不像祖父的农场那样连年丰收。这几年，祖父也时常接济他们，老纳尔斯每到斯奥德去，总是为亨利一家买许多生活必需品。而小诺尔曼上学的所需所用就完全由祖父承担了，教导和照顾小诺尔曼也都由祖父包了下来。懂事的小诺尔曼，更加体会到祖父的爱心，他总是用实际行动来报答祖父的恩德。

新农场给小诺尔曼也带来许多困难，那时，他已经是13岁了，是个高年级的学生了，学校的功课越来越多，而田里的活也需要花费越来越多的时间。他虽然经常是帮助祖父干活，但是，这一段时间，祖父看到亨利的活实在太多，就让诺尔曼帮助父亲干活。父亲是个体格健壮的人，身上有使不完的力气，是个吃苦耐劳，不知疲倦的人。每当春、夏、秋三季，他总是顶着星星下地，一直干到月亮升起才回家，劳动的时间之长，简直令人难以置信。诺尔曼秉承了父亲的血统和体质，体格健壮，动作敏捷，很有力气。由于经常从事挖沟锄地、扛麻袋装车、挥斧劈柴等农活，使得他两臂长得粗壮有力，两肩很宽，肌肉发达。在农田里干活，显得很顺手。他脑筋灵活，还时常有些小窍门，走些捷径，提高了劳动效率。

祖父看到小诺尔曼喜欢在地里干活，不像其他同龄孩子那样不是去钓鱼，就是去打雀，或者去洗澡。他不贪玩，不怕脏不怕累，感到相当满意，但与此同时，心里也多少有点忧虑，因为他始终认为受教育是非常重要的，农活这样忙，把孩子拴在田地里，影响了孩子的远大前程，可就是得不偿失了。所以，每当收获季节来临的时候，老人家总是密切注视着孩子的一举一动：他看到诺尔曼同父亲、叔父、表兄弟以及亲友们坐在叮叮当当直响的老式收割机后面的拖车上，一面喊着一面唱着到下一个农场去帮助收割。看他那高兴的劲头，看他那浓厚的兴趣，老人家的心情越来越忧虑：难道这个孩子真的要和土地打一辈子交道吗？

小诺尔曼看到地里有那么多的农活需要做，他的父亲又是多么希望有一个好帮手啊！于是，他想，自己已经长大了，放下农活去学校里学习，让父亲一个人在地里忙，有些于心不忍，孝顺的孩子应当替父母分忧。因此他萌生了不再去上学，一心一意在农场干活的想法。

有一天，他和父亲在地里忙了一天，傍晚匆匆吃完了饭，就走到父亲身边，轻声对父亲说，他是否可以不再上学而留在家里帮助父亲干活。父亲听了诺尔曼的话，睁大了双眼，足足看了儿子半分钟，心里一股暖流涌上心头。十几岁的小孩子，就有这样的孝心，能够体贴父亲的辛苦，不禁使他乐滋滋地伸手摸着孩子的头，理顺那蓬乱的头发，摇了摇头，坚定地说："这是绝对不行的，爸爸再苦再累，也要供你上学。"

亨利在对知识的看法上，与他的父亲纳尔斯是完全一致的。别看亨利说起话来很实在，谈吐之时并不带有多少漂亮的字眼儿，但他平时非常酷爱读书，只要能看到的书籍，他都是抽出时间认真地加以阅读。有一次，全家都在地窖里躲避龙卷风，为了不让冷风吹进来，亨利用那宽阔有力的背脊紧紧地顶住地窖的门，即使是在这样的时候，在倚门而立的情况下，他仍然借助昏暗的烛光，专心致志地阅读着《星期六邮报》。至今，他还在悔恨自己没有读完那个商业专科学校的课程。

别看平时亨利少言寡语，实际上他是一个很有头脑、善于思考、思维缜密的人。他并没有简单地拒绝儿子的要求。他想到，儿子一旦有了这种想法，就可能影响学习兴趣，分散精力，成绩下降，那样的话就会两头都误事，而更主要的是耽误孩子的前途。他认为这种思想苗头一定要重视，不能一两句话就解决问题。于是，亨利安详而沉着地对儿子说，如果你留在家里干活，固然可以帮很大的忙，减轻父亲的负担，父亲当然是非常高兴的，也体会到你是个懂事的好孩子，但是因此而不上学，那么损失就更大了。爸爸自己怎么吃苦，也要供你上学，你念好了书，成为一个有知识、有教养、有风度的人，将来干点大事，那爸爸就心满意足了。你只有好好学习，将来有了出息，才是对爸爸的最大的报答。这些细心而诚恳、充满爱心和希望的话语，从父亲嘴里说出来，诺尔曼就感到越发实在，越发真切，越发令人动心。

老纳尔斯听说了这件事，立即放下锄头，向亨利家奔来。他猛地推开房门，一脚门里一脚门外，气喘吁吁朝儿子吼起来："怎么回事？是怎么回事？你昏了头了吗？"亨利立刻站了起来，低声下气地向父亲说明了原委。老纳尔斯这才平静下来，走到孙子身旁，摸着诺尔曼的头，亲切地说："诺姆，我的好孩子，你爸爸说得对，等你年纪再大一些，你就会明白你父亲的意见是完全正确的。假如你希望将来自己的肚子能吃得饱一些，吃得好一些，那么现在你就应该让自己的脑袋多装一些知识。这一点是至关重要的啊！"在小诺尔曼听来，父亲的话实在真切，而祖父的话则富于哲理，说服力要更强一些。他明白了知识的重要，更知道祖父和父亲的苦心。自此，他彻底打消了要放弃上学的想法，集中全部精力学习知识，他的学习更好了。老师明显地感到，诺尔曼的成绩越来越好，他的坚韧不拔的品格在发挥作用，他的聪明头脑和善于思考的潜能在逐渐释放出来。她隐约地预感到，将来这个孩子一定会有出息，一定会成为一个不平凡的人。

小诺尔曼在学校里是个好学生，在家里也是个好孩子。每天放学回到家里，总是放下书包，急忙跑出来，不是帮助祖父干活，就是帮助父亲干活。有时他还拿起砍刀和绳子，奔到山林里去，砍伐枯树枯枝，为家里弄回烧柴。手磨起了血泡，脸被灌木枝上的尖刺划出血口子，他都不在乎。冬天脸冻得通红，干得累了，满身是汗，湿透了棉袄棉裤，消了汗，变得冰凉，他不声不响，背着大捆的劈柴，乐哈哈地堆到院子里。祖父的院子里堆成一个小柴垛，自家的院子里也同样堆了一大堆。两家人全年烧的木柴，基本上都是小诺尔曼弄回来的，减轻了祖父和父亲的负担。好在山林离家很近，他每次背不回来多少，但是小诺尔曼就是有个韧劲，看着柴堆一天一天高起来，他心里就越来越有奔头，越来越有希望。细水长流，积少成多，家里的烧柴是不用大人操心了。

祖父和父亲看到孩子这样忙碌，学习又是那么好，心里喜滋滋的。但是，在他们的内心同时存在着深深的内疼。孩子的童年，自由自在的玩耍真是太少了。小诺尔曼似乎根本就没有在春天拿着夹子到田里打过山雀，也没有和其他孩子没完没了地玩过扑克牌，更没有和其他的孩子们结伴春游过。祖父和父亲深深地感到对不起孩子。清贫节俭家庭的孩子的童年，注定是不能完满无缺的。他们看到小诺尔曼并没有玩耍的心思，也不感到寂寞，反而总是乐呵呵地很满足的样子，他们的心里才稍微有了些安慰。

祖父和父亲在这种思想的支配下，开始有意识地弥补对不住孩子的遗憾。每当春暖花开的时候，两个人有时就招呼上诺尔曼，扛起钓鱼竿，到河边去钓鱼。祖父为孙子整理好钓饵，让孙子用力甩到河中心去，又让孩子时刻注意那个漂子，只要它一往下沉，就猛地甩起鱼竿，十之八九会有一条鱼上钩。这引起了诺尔曼的兴趣。诺尔曼干什么都是认真的，都是极力想干得好的。当钓绳突然绷紧，银色的鱼儿被钓出水面，在阳光下翻腾扭动的时候，小诺尔曼的喜悦简直是无法形容的。每次钓鱼，小诺尔曼绝不比有经验的爷爷钓得少。晚餐的时候，妈妈就会把用葱和醋等佐料烹好的鱼端上来，请来奶奶，一家人开心享用自己钓来的鱼，那诱人的鱼香味几乎没有一种佳肴能够与之媲美。

在炎热的夏季，祖父就建议是不是骑上马到林子里遛一遛，凉快凉快，兜兜风儿，再带上猎枪，说不定还能打下来几只山鸡什么的。当然，备3匹马，带着小诺尔曼前去是定不可少的，也是一个先决的条件。这时，小诺尔曼骑马的技术已经是相当娴熟了，胆子也大了许多。3匹马不再是慢慢地走了，心急的诺尔曼总是要在马屁股上抽上几鞭，让它跑得更快，时常使祖父和父亲远远地落在后面。在林子里转了几圈，打了几只山鸡和野兔，他们就转到河边来，让马喝一点水，3个人就在河里洗澡。

回到家来，祖父就把猎物交给祖母和母亲，让她们赶快烹调起来，然后吩咐小诺尔曼到叔叔、朋友家里去请他们来尝尝鲜。亲戚朋友们陆续地来了，大家坐在餐桌旁大声地说笑。不一会儿，母亲就把香喷喷的烤山鸡和红烧全兔端上餐桌。这时，祖父从柜橱中取出酒瓶，用火炉上煮开的热水来调制热酒，然后，给每一位客人面前的小碗倒满了。快乐的晚宴开始了。大家一边品尝野味，一边大口地喝酒。脸红了起来，也兴奋起来，大声地高谈阔论，有时还划起拳来，真是热闹非凡。祖父把小诺尔曼安排在自己的身边，把香脆鲜嫩的山鸡大腿放到他的碗里。看着孙子大口大口地撕，满嘴流油，老人家这时真比自己吃在嘴还香甜。诺尔曼听着大人们的谈论，也大大方方地回答客人的问话。当这些人特别高兴的时候，就唱起挪威民歌来。这些民歌都是从他们的前辈那里学来的。

小诺尔曼在不知不觉中受到了熏陶，增长了见识，扩大了视野，使他更加和劳动人民的心紧紧连在一起了；这一切对他的成长不能说没有作用。正如小苗一样，不见其长，日有所长，不知不觉之中，诺尔曼逐渐成熟起来了。

在小诺尔曼读书求知的道路上，祖父一直悉心地为他引路，促使他不断进步，并从不同的角度和侧面，让小诺尔曼获得更多更有用的知识，使他受到品格和道德上的锻炼。老人还经常为他买书、买画报和报纸。

"喂，诺姆！"老人有时会向他们要过一份报纸，说："我眼睛不好，给我念念那篇文章吧。"事实上，老人是在利用一切时机千方百计地开阔孙子的眼界。他希望孙子能及时了解在斯奥德和克列斯科之外发生的各种新事物。老人甚至设法让孙子的眼光放得更远一些，即要他时刻关心和留意在别的大陆上所发生的有关问题及取得的进展。

一天晚上，老人拿着一个形状奇特的匣子来到小诺尔曼家的厨房。这个匣子上竟带有长长的电线。"诺姆，你快过来，我要把这个玩意儿给你瞧瞧！"他一边用手指弹着匣子对孙子说,"这是我从克列斯科的一个商人那儿买来的,他们把它叫晶体管收音机,来,咱们赶快到屋子外边去听一听。"祖父接着告诉诺尔曼说:这架收音机,是祖父花了8美元买下来的。在当年,这是刚刚兴起的玩意,价格是相当高的。要知道,这8美元,整整是老纳尔斯三个半月的收入哩!是全家一年所用的油盐酱醋所花的钱的总和。老纳尔斯为了培养孙子,竟有这样的慷慨付出和惊人的魄力,确实让人佩服。

祖孙二人来到冰冷的院子里,为了使这台第一代的收音机的收听效果更好一点,老人先把一根长天线扔到树上。这是从那个商人那里学来的。然后从衣袋里掏出耳机,一边拨弄着旋钮,一边倾听着。过了好一会,祖父把耳机套在小诺尔曼的头上,小诺尔曼的脸上立时现出了惊奇而狂喜的神情。小诺尔曼瞪直双眼,一动不动地听着那美妙的声音。当然,他还不知道那人是在什么地方说话,怎么就会传到自己的耳朵中来呢?他感到太奇怪了,太不可思议了。小诺尔曼长时间地伫立在冰冷的院子里,他被这具有魔力的小匣子完全征服了。在这寂静的深夜里,在这山林包围着的田野里,在一刹那之间,突然听到了来自中国内地上其他地区的音乐和陌生的语言,听到他闻所未闻的新鲜事儿,这是他全然没有听见过的另一个世界的声音。这一切是多么神奇呀!

这架收音机从此就成了诺尔曼的宝贝,一有闲暇时间,他就什么也不干,总是专心致志地听那里的新鲜东西。在不听的时候,或在上学的时候,他都是把它小心翼翼地放在爷爷的柜子里,生怕小妹妹把它弄坏。小孩子还是有着纯真直率的本性,也愿意在小同伴面前炫耀自己。有一天,他小心地把收音机带到学校,也要让小伙伴们见识见识。小伙伴们一个接一个地听了一会儿,小诺尔曼就收了起来,不让别人碰一下。女教师知道了,向诺尔曼问明了情况,不禁为老纳尔斯为培养孙子而付出巨大代价的远见而折服。她对小诺尔曼说:"世界上新奇的东西还多得很,不仅仅是一架收音机,知识使社会进步,使生产发展,这知识就在书里,就在生活中,你努力学习吧,知识对一个人来说是至关重要的啊!"

面对麦田的畅想

　　小诺尔曼自从迷上了这架神奇的收音机以后，确实长了不少知识，知道了他从未听说过的事情。现在他已经14岁了，已经是个小学8年级的学生。他学过了简单的地理、自然、历史等课程，对收音机里讲的国家和世界上的事情，能够有个粗浅的理解。他听到了关于欧洲和东方战乱的消息以及给人民带来的灾难；关于美国土著人的原始生活情景，使他对土著人那野蛮和居无定所的生活感到新奇；关于开凿巴拿马运河的报道，使他知道了打通河道、避免航船远渡重洋绕过大陆而缩短距离的益处；关于东方古国印度人口稠密、气候炎热、生产落后、粮食生产十分不景气、人们吃不饱穿不暖、寿命缩短的情况；关于美国南部的墨西哥正在遭受严重的旱灾、小麦大量减产、闹着饥荒、人们忍饥挨饿的艰难生活，也引起了他的沉思。还有关于沙皇血腥镇压农民起义，十月革命的胜利，也有关于东方大国中国家军阀混战、民不聊生厂及工业落后、水灾频繁等等世界上的大事。而给他印象最深的则是世界上还有那么多的人吃不饱饭，大批的牲畜由于没有水喝而死掉。他在想，那里的人们耕种土地为什么收成是那样少以致大批的人在干旱的灾年活活饿死呢？

小诺尔曼的家虽然不富裕，但是由于大人们的辛勤劳作，吃的用的却从来没有缺少过，他从来也没尝到挨饿的滋味。家里自制的面包、黄油和牛奶，总是摆在那里，随时可以吃，也有自己养蜂酿的蜜，自己采回菜地里生产的水果和新鲜蔬菜，自制的火腿、熏鸡和腌肉，也总是应有尽有。那里的人们为什么不去想这些办法，为什么不付出辛劳去耕作，保证家人和孩子吃饱喝足呢？当然，在诺尔曼来说，他还不明白灾害的严重性，还不知道改变落后的农业生产是那样的困难，因为他没有见过那样的灾害，他在自家农场看到的只是有点害虫罢了。

收音机里提到墨西哥和印度的小麦如何枯黄，如何长得只有二三十厘米高，麦穗小得可怜。对于对麦田有着浓厚兴趣的小诺尔曼来说，更是感触颇深。他们不会播种吗？他们不会施肥吗？他们不去锄草吗？自己家里的麦子，虽然长势一年不如一年，但总是绿油油、黄灿灿的，足有一米多高，麦穗足有10多厘米长。这是为什么呢？如果他们的小麦能长得像自家的这样，恐怕就不会挨饿了吧！在小诺尔曼的思想里隐隐约约地产生了一种让小麦增产、让人们都吃饱肚子的想法。祖父的话又响在耳边：你希望将来自己的肚子能吃得饱一些，吃得好一点，那么现在，你就应该让自己的脑袋多装一些知识。是啊！自己还有好多问题都不明白啊！想着想着，这才慢慢睡去。

十分关心孙子的祖父，以他那敏锐的眼光，发现最近小诺尔曼的行为有了一些变化。原来爱说爱笑、伶俐活泼的诺尔曼，变得有些寡言少语，常常望着麦田发愣。有时还独自走到麦田中间去，拨开泥土，看麦苗的根，双手抚摸着绿叶和麦穗，两眼发直，神不守舍。祖父看在眼里，心中纳闷，就和蔼地问："诺姆，孩子，你有什么心事吗？对爷爷说说看，或许爷爷能够帮助你？"小诺尔曼这才把自己的一大堆想法告诉了爷爷。老纳尔斯心里这才踏实了。祖父爱抚地对孙子说："是这样，那很好，多思考吧！这些问题我现在也弄不明白，你长大了，要是能弄明白可就太好了！"

在小诺尔曼周围的许多事物同样也激起他的好奇心，再加上他善于思考问题，总喜欢寻根究底，因此，他经常不时地向祖父和父亲提出一连串的问题：为什么有些树长得直而且高，另一些树却长得弯而且粗呢？果树人们总是精心莳弄却还是有灾害，山林里的树没有人管，怎么总是长得又高又大呢？黄瓜每天都要浇水，它怎么不怕水涝呢？土豆种在地势较高的地方，雨水少也能长出大个的非常好的土豆来，这是为什么呢？那个叫着的雀儿是什么鸟？为什么蚂蚁会爬树？长在树上的那些木耳和蘑菇靠什么生长呢？它为什么会长得那样快？河边的水稗草经常泡在水里，它为什么不死去呢？而玉米和大豆泡了三五天就枯黄了呢？……植物、动物、昆虫、鸟类、山林、河流，都引起了他的兴趣，它们都是小诺尔曼迫切希望了解的对象。

夏末，正是燕麦和小麦成熟的时候，麦田一片金黄。一天，小诺尔曼同父亲一起到地里去察看小麦的长势，察看麦穗成熟的程度，以决定在什么时候收割最适合。他们在麦田里走来走去，有时蹲下身来捏下麦穗，在手掌中揉搓一下，吹掉麦壳，把麦粒放在嘴里，咬一下，看它还有多少水分。转了一圈，诺尔曼发现父亲的眼睛里，充满了失望的神色。因为，有些田块的麦子长得很好，麦粒又圆又大，已经成熟了。而与它相邻的田块，麦子长得却很糟，有些叶子隐隐泛青，麦粒又小又瘪，水分也很大，恐怕再长半个月也不能成熟。两块地播的是同样的种子，施用同样的厩肥，一样地精心莳弄，土质看起来也是一样的油汪汪发黑，但结果却不一样，这到底是什么原因呢？

现在，他们在自家农场见到的情况，以前在祖父的农场上也见到过，这确实是一个令人费解的谜。小诺尔曼跑着去找祖父，拉着祖父到田里来，请祖父帮助查找原因。他多么希望富有经验的祖父能找到原因，在明年种植小麦时多加注意，改变今年的面貌啊！然而祖父也说不出究竟是怎么回事。

祖父说："对于这个问题，人们想过许多办法，但收效甚微。在田里焚烧灌木，以增加麦田的肥力，还是同样出现这种情况：即在这一处有效，而在另一处就不一定同样如此。施肥也是一样，并不是对所有的田块都有效果。祖父虽然说不太明白，但是凭着经验，还是有些自己没有把握的看法。祖父一向是这样认识的：因为这块土地连年种小麦，以致使土壤中某些东西特别缺乏，于是这块地只得改种燕麦和玉米。而采用与豆类作物轮种的耕作法，虽然能使土壤的肥力有所提高，产量也略有增加，但效果并不十分明显。显然，这里还有更重要的问题有待于作进一步的研究。

对于祖父的解释，父亲和小诺尔曼都认为是有道理的,但是却没有进一步弄清田地里失掉的东西到底是什么东西,而又应该怎样弥补呢?小诺尔曼向大家提出了这个令人感兴趣的然而在当时是使人迷惑不解的问题。当然,那时他是无法知道的,他所探索的事实上正是尚未被人们开拓的一个新的科学领域。直到过了相当一个时期之后,科学家才对这个问题有了比较清楚的了解:这是由于连续多年种植单一作物,就把土壤中所含有的有机作物生长必需的重要物质——氮、钾、钙、磷以及其他微量元素,全都消耗尽了。而人们所施用的肥料,并不全部含有这些元素,它含有的元素碰到土壤极度缺乏这种元素的地块,就会有些效果,而另一些地块极度缺乏的元素在肥料里含量微少,则不会起什么作用。同样一块田地,它们含有的元素,它们失去的元素,都是千差万别的。因此出现上述的情况,就是必然的。当时,小诺尔曼并不知道,在他脚下的土壤中所发生的现象,不是导致古代许多贫穷国家农业衰退的根本原因,但是,那时他只能提出疑问,却没有人能够予以解答。

后来,有一次,祖孙二人正在安安静静地坐在小河边垂钓,谁也没说话。突然,祖父打破沉寂对孙子说:"诺姆,你所考虑的那个问题,你要继续追问下去,有朝一日

总会有人能解答你的问题的。"

小诺尔曼是个善于独立思考、坚韧不拔的孩子,他也富于青少年那种异想天开的本性。祖父要让他继续把麦田的事情追问下去,他真的动了脑筋,入迷地思索起来。无论是在田地里干活,还是吃饭的时候,那个问题始终在脑子里转。他精力非常集中,在他陷入沉思的时候,祖父和父亲叫他,有时他都听不到。叫了几声,当他听到的时候,总是抬起头来一愣,思绪才转过弯来,回答祖父和父亲的问话或按要求去做什么事。

小诺尔曼想:既然是土壤中失去了什么东西,那么能不能想办法让这些东西失去得慢一些呢?反过来说,能不能使这些东西更有效地用在生长麦穗上呢?每年收割的时候,他都看到大堆大堆的麦秸散在田里,然后烧掉,所余下的草灰又很少。那麦秸不能当做喂牲畜的饲料,用做做饭和取暖的烧柴,火力又不旺,一大把麦秸转眼就烧完了,和木柴相比真是差得远了。各家都不把它当烧柴,因为山林里的树枝、木柴多得很。这麦秸真是个没有什么用处的东西。

他意识到,麦秸的生长同样要消耗土壤中的养分,而它又没有什么大用处,白白吸收了土壤中的养分。而没有麦秸和叶子，麦穗又无从长出来。这时，他就突发奇想，能不能让小麦的秸长得短一些、矮一些，而麦穗又长得大一些呢？他把这个想法告诉了祖父，祖父笑了笑，现出无可奈何的神情，对他说："孩子，小麦的生长是自然的，咱们没有任何办法让麦秸长得矮而少消耗养分，要它怎么长，人是无能为力的。这个想法是行不通的。"是的，这是一个品种改良的难题，对于一个农民来说，在当时还不曾有这种概念，这是要比研究土壤成分更加高深的课题。直到以后好多年才兴起了品种改良的研究，在当时只能是天方夜谭。但是，祖父对小诺尔曼敢于大胆思考，还是倍加鼓励和赞扬的。

　　天真的小诺尔曼还在不停地思索，天真的想法也一个接一个地从他那单纯的大脑中冒出来。人控制不了小麦怎么生长，但是人能在施肥上自作主张。长势不济的地块既然是缺少小麦生长所需要的东西，那就给它补充上。至于缺的是什么，虽然还不知道，但是可以试一试，多施点肥料，总不会有坏处。他看到了树和草，总是长得那么茂盛，难道它们年复一年地在一个地方生长，它们生长所需要的东西怎么会不缺乏呢？怎么就会取之不尽、用之不竭呢？他常常独自走到林子里去，看到厚厚的落叶腐烂了，和泥土混在一起，脚踩上去软绵绵的，还有一些鸟粪散落在树根旁边。难道是这些东西补充了土壤里的养分吗？他又到河边去，看那一片片绿草，今年秋后枯黄了，倒下了，明年又要根部发起新芽，茁壮地从坚硬的土地上钻出来，长得还是那样有劲头。枯草的叶子也能使土地具有生长植物的作用吗？

于是，他就向祖父建议，麦收以后，是不是可以那样做，把长势好的地块上的麦秸都集中到长势不好的地块上，再加上它本身的麦秸，铺上一层，然后点火烧掉，让麦秸的灰均匀地留地里。还可以在秋后农活不太忙时，赶上马车，到林子里去收集落叶，也把落叶散在田地里烧掉，或者到河边割下枯草也放到田里去。家里养鸡的鸡粪，也把它积攒起来，虽然不是太多，撒在田地多少也许会有点用处。

虽然老人家认为不会有什么效果，但是他也要这样做，不扫孙子的兴，不打击孙子的积极性。这一年麦收后，他们真的这样做了。麦秸、树叶、柴草在那不景气的地块上堆了厚厚一层。诺尔曼最愿意点火了，他跑着跳着，这块一把火，那块一把火，熊熊的火焰在田地里燃烧起来，青灰色的烟雾，弥漫了田野，随风向山林飘去。诺尔曼的意见被祖父和父亲采纳了，一种胜利和感受成功的喜悦充满了他的心头，干得更欢了。这时，他就盼望着春天快些到来，快些播种，快些长出麦苗，他坚定地想象着明年麦苗长得一定会比今年好。

第二年，这块地的麦苗还真的有了一些起色，不再发黄，而是深绿色了，小诺尔曼这个高兴就不用说了。但是到了抽穗的时候，长势就不那么好了，虽然看起来比去年或许是好了一点，但是仍然显得有气无力，收效不是很大，和诺尔曼期望的相差甚远。祖父生怕刺激了孙子的自尊心，多次安慰他，对他说："诺姆，我的好孙子，你的想法是对的，不是有了一点好转了吗？也可能是分量不足吧！这就很好了，这就是你思索的成效。孩子，继续思考吧，将来长大了你会解决这个问题的。挫折有时会使一个人获得更大的力量，坚持不懈的人才会有所成就，你明白吗？"小诺尔曼深深地点了点头，情绪有了好转。

诺尔曼开始意识到，这样随便地苦思冥想是不会有结果的。他又想起了祖父的指导：脑袋里要装满知识。种植小麦的知识是多么丰富啊！而自己知道的仅仅是现象。于是，他就向酷爱读书的父亲要有关农业方面的书籍。他的父亲认为，这才是正经路。因此，把他看过的有关植物栽培、蔬菜种植、防治病虫害的书籍给他看。在当时，这些书籍都是浅层次的，是一般的常识和经验的总结，而对于他所要弄懂的问题，却没有提到。父亲就对他说："这些东西就是基础，将来你自己管理农场是用得着的，用心地读吧！"

诺尔曼的接受能力很强，加上他有在农田的实践和善于思考的能力，对于那些方面的知识，很快就理解了。这些书籍，无疑使他大大地增长了知识，学到了在学校里学不到的东西。

随着实践经验的逐渐积累和农业知识的逐渐增多，小诺尔曼的想象力更丰富了。他设想着，将来要帮助父亲扩大农场，开垦出更多的荒地。要种上80公顷小麦，让家里的收入更多。还要买更先进的机械，减轻人们的劳动强度。特别是要使小麦的长势一年比一年好，而不是一年不如一年。他要有自己的麦田，他的麦田要比任何一家的长得都茁壮……

立志学农

诺尔曼·布洛格在农村小学8年级的学习就要结束了（以下称布洛格）。他的毕业考试不是十分理想，各科成绩虽然比较好，但还不是前几名。原来，懂事的布洛格近一年来帮助家里干的活太多了，耽误了许多时间，再加上在他的脑海里总在想着小麦的长势，也影响了学习。拿着考试分数单回到家里，他的情绪很低落，没有和任何人打招呼，就一头钻进了他的房间。吃晚饭也是母亲叫了两遍，他才慢慢腾腾地出来，低着头喝了两口汤，吃了一小块面包，就又进屋去了。父亲和母亲知道一直要强的儿子，一定是考试没拿第一，心里不痛快。

父亲和母亲找到了祖父，他们要决定布洛格今后怎么办的大事。从他小学毕业的成绩来看，是不是有培养前途还说不准，至少父亲是这样认为的。普通的农家，如果让孩子上高中，就得接着上大学，如果不能上大学，他们认为高中就是白念了，白搭了钱和劳动力，是不合算的事。家庭这样的条件，要供一个大学生是何等的难啊！因此父亲举棋不定，是让布洛格上高中还是像其他人家的孩子一样，从此开始在农场干活。究竟怎么做对孩子更适合，父亲没了主意。祖父的想法却是很坚定，一定要让聪明的诺尔曼继续上学。祖父对孙子的了解，远比父亲对儿子了解更深刻。祖父认为，这个孩子一定会有出息。在这种想法之中，也隐约有自己没让儿子上多少学而懊悔的因素在内。父亲对祖父的意见一向是尊重的，也觉得不能让仅有14岁的儿子，从此就干繁重的农活，在农田里生活一辈子。因为他看的书多，知道世界上还有许多重要的、有地位的、有价值的事情，这样，大人们就初步议定，还是让诺尔曼上高中。

布洛格当然有着强烈的求知欲望，他非常愿意读书，但他由于自己的毕业成绩不理想，而对自己的智力产生了怀疑，动摇了信心。他不知道自己能不能学得更好，能不能上大学。这种情绪的微妙变化，祖父是看在眼里了，心里也捉摸透了。因此祖父就鼓励孙子说："你思考的问题是那样多，那样有见解，说明你的头脑是够用的，只要有信心努力学习，还有什么可担忧的呢？"祖父的鼓励，让诺尔曼热泪盈眶。

布洛格在农村小学第七、第八两年里，学校换了教师，原来的女教师到克列斯科的一所小学教书了，她是随着她当医生的丈夫一起走的。后来的教师就是布洛格的堂姐赛娜·布洛格。

堂姐是布洛格在美国的家族中第一个上了中等师范院校的孩子。诺尔曼·布洛格一家非常羡慕，因此对赛娜也十分尊重。可在老纳尔斯的心中，却发了狠心，非要让自己的孙子赶上赛娜不可。因此，平时总是告诉布洛格要尊敬赛娜，用心向她学知识，按照她的样子处事做人。赛娜教了布洛格两年，她深深地了解布洛格是个不寻常的孩子。她非常喜欢这个堂弟，也非常关心这个堂弟，在平时就给了诺尔曼许多的帮助。

有一天，赛娜来到了布洛格的家。因为按照州里教育主管部门的规定，在学生毕业时，教师必须进行一次家访。父亲和祖父非常欢迎堂姐的到来。

三个人郑重地谈起了布洛格前途的事。父亲简单地说：初步打算让诺尔曼上高中，但是否能再上大学，心里不托底。老师最了解学生，父亲希望赛娜帮助拿个主意。赛娜在布洛格家族中，是个有知识的人，她的意见在家族会议上一向是很有分量的。赛娜先是看着布洛格，然后慢慢抬起头来，对祖父和父亲用肯定的语气说："没问题，绝对没问题，我教了他两年，还不清楚吗？布洛格的学习成绩虽然并不十分出色，但是他有毅力，也很有钻劲，肯动脑筋，勤于思考，这是上高一级的学校必备的品质。小学考试多几分少几分不是大问题。通过高中教育完全可以把他培养成才，你们可千万不能拿错主意，耽误了孩子的前途。相信我吧！也相信你们的孩子吧！我敢断定他不是一般的孩子，而是大可造就的孩子。"

一番话说得祖父和父亲豁然开朗，他们佩服赛娜的眼光，也为有这样的好孩子高兴。

1928年9月的一个清晨，布洛格的父母和祖父一直把他送到农场的大门口。他挺起了胸膛，迈着轻快的脚步大踏步地向克列斯科走去，他要到那里去上高中了。

新学校坐落在克列斯科镇的最东面，前面是平坦的草地，一条大道通向镇里，后面就是连绵不断的小山，山坡上长满了各种各样的树木。教室是起脊的砖房，每栋教室的房顶都有几个又高又大的烟囱，因为室内都有一个在冬天支起的大火炉。操场上有篮球架子，也有足球门，长着绿茵茵的小草，就像一块巨大的绿色地毯铺在那里。新学校的环境，是农村小学没法相比的。布洛格非常喜欢这个学校，很快就适应了学校的生活了。

高中的课程有语文、代数、几何、物理、化学、地理等，这些课程对布洛格来说都是新东西，他如饥似渴地用心学着这些新知识。这些课程分量不是很多，每星期每科也只有两个小时左右，而学校的主要课程农学，占用了一多半时间，有作物生长、生物学、土壤和栽培知识等科目。主修课是农业纲要，选用由史密斯·休斯编写的教材。因为学生毕业以后，大多数还是要回到农场中从事农业生产的，所以学校才对课程作了这样的安排。

教农学课的老师是哈利·舒艾德，他对农学课相当娴熟，对各种事物反应相当敏捷，一般都能做出严密而又科学的判断。诺尔曼对植物生长的过程和土壤的性质有着特殊的好奇心，他不但能够准确全面地接受这些知识，还能向哈利老师提出许多有价值的问题，有些是他在农场里看到的和自己解释不了的问题。哈利老师不久就看出，布洛格不是一个死读书的学生，而是一个注意联系实际、善于独立思考，并且有着强烈求知欲望的好学生。因此，他开始把自己有关农业的全部知识毫无保留地传授给诺尔曼。

布洛格非常佩服也非常尊重哈利老师，每当哈利老师上农业课的时候，他都必定要坐在中间第一排，仔细听老师讲的每一句话，用心在笔记本上记下重要的部分。哈利老师的农业知识非常丰富，讲课总是深入浅出，很容易被学生接受。特别是在讲授土壤学的时候，布洛格带着自己在农场思考的问题，努力在老师的讲授当中寻找答案。这个答案虽然他还不能马上找到，但是他确实知道了许多关于土壤的知识。比如：土壤中的微量元素都有什么？什么元素对什么植物有作用？什么作物需要哪一种元素更多一些？怎样进行水土保持，又怎样根据不同地块不同作物施用什么肥料？对这些问题，哈利老师都讲得明白易懂，布洛格也记得非常扎实。

布洛格越来越崇拜哈利老师，经常向他问一些课程以外的奇怪问题，每一次哈利老师都能细心地给予解答。哈利老师非常喜欢这个学生，也非常欣赏这个学生，师生俩几乎成了知心朋友，建立了深厚的友谊。

哈利老师就住在学校的教师宿舍里，和学生接触的时间很多，有时还让布洛格到他的宿舍里去谈心。布洛格来到那简朴的十几平方米的小房间。他看到只有一张桌子和一把椅子是像样的家具，一张床是木板用砖头垫起来的。房里最引人注目的是两大排简易书架，上面放满了厚的、薄的、精装的、简装的各种书籍，还有许多厚纸印刷的大大的彩色图片集。布洛格第一次看到这么多的书，十分吃惊。在他看来，老师的宿舍简直就是一个小书店。哈利老师看到布洛格对书籍的那种关注的神情，他知道这个学生是爱书的。就对布洛格说："我的这些书，大多是农业方面的，我在大学时就是专修农学的。你要想看，就随时来取吧！"

听哈利老师一说，诺尔曼惊喜起来，立即去到书籍旁，看着书脊上的书名。他是个有礼貌的孩子，知道不能随便动主人的东西，何况是他崇拜的老师的书呢！哈利老师明白了他的意思，拍着他的肩膀，笑着说："布洛格，你愿意看什么就自己抽出来吧！我说过，你可以随便看你要看的书。"布洛格这才抽出关于植物、昆虫的大画册，浏览起来。他不知道这是教材，是标本，他只觉得好看，只是看看热闹而已。哈利老师见他心不在焉地一页一页地翻看图册，郑重地对他说："布洛格，书籍是力量的源泉，它记载的东西是哲理和经验的总结和升华，是获得知识，就应该仔细地多读书，对书中的每一个问题都要认真弄懂，认真研究，使它变成自己的思考和能力，这才有用。你对农业有兴趣，专修农业是有意义的，为发展农业生产而奋斗，解决人们最起码的要求，就是吃饱肚子，这是最有实际意义的问题。布洛格，你说呢？"

布洛格

从此，布洛格经常到哈利老师的宿舍里来借有关农业知识方面的书籍，有时还向老师请教自己弄不懂的问题。诺尔曼对农学课程的学习，要比其他孩子好出许多，课本外面的知识比其他孩子知道得更多。布洛格看的书越多，他对农业知识的兴趣就越大，专修农业的想法就逐渐形成了。

克列斯科高中的校长大卫·白特尔玛对布洛格的一生也有着深刻的影响。他是布洛格崇拜的第二位校长。当时，白特尔玛校长还兼任体育教师。他是一位身材矮小而健壮的人。他胸膛宽阔，腰板始终挺得笔直。他体重165公斤，但看起来似乎更重一些。1924年，他曾以美国摔跤队预备队员的资格，参加过奥林匹克运动会。在学生的眼里，他是个了不起的人物。他认为，在竞赛中那种力争上游的精神，是使人们活动起来的一种无形的动力。因此他主张：假如一个学生能在运动场上取得最好的成绩，那么他在学习和未来的事业上也将会获得令人满意的结果，对于那些个性较强、天资聪明、意志坚强的学生，他总是给予帮助。他认为对这些学生进行特殊的指导，使他们的潜力充分得到发挥，那么在将来，他们在某一方面，就有可能取得卓越的成绩。

一天下午，布洛格正在操场上踢足球，当他同大年龄的、身体更为强壮的前锋激烈争球时，白特尔玛长时间地注视着这个虎虎有生气的学生。不等比赛结束，他就把布洛格叫出球场。

"我希望你能够参加校摔跤队，参加校际比赛，"白特尔玛对这个吃惊的学生说。"你身体健壮、动作敏捷、意志顽强，你完全可以成为一个优秀的摔跤运动员，但是，你必须刻苦训练，否则，你就会被淘汰。"这个邀请对布洛格来说，显然是太突然了，但他还是欣然接受了。他为能够参加校摔跤队而感到极其荣幸。

他在最初训练的时候，总想击败他的教练员，当他尚未达到目的的时候，他就设法运用自己学来的招数，希望能比教练员抢先一招，将教练员摔倒。每当发生这种情况，白特尔玛总是立即停止训练，并及时指出："你现在做的是这一个动作，而你脑子里考虑的却是下一个动作，因此动作显得非常不协调。白特尔玛告诫他说："如果你想要成为一个出色的摔跤运动员你就必须训练自己把想的和做的统一起来，只有精神高度集中，才能充分发挥威力。"

白特尔玛的指导获得了预期的效果，布洛格不久就成为学校最优秀的摔跤运动员之一。同时,他还是足球赛和垒球赛中的明星。但是白特尔玛的富于哲理的说教所产生的影响,却远远不止这些。他要求每个人根据自己的具体情况,把自己的能力充分发挥出来,从而尽可能把事情做得尽善尽美。"要把上帝赋予你的能力全部使出来",他总是这样说:"如果你不想这样做,那么参加比赛对你就毫无意义!"这就是他对运动,对学生,对工作,对生活的哲学,正是这一点,后来便成为布洛格和白特尔玛之间深厚友谊的纽带。

布洛格上高中的生活是丰富多彩的,他不仅学到了许多知识,而且参加了许多活动,受到了许多锻炼。他是高中同年级学生之中最优秀的学生。寒假回家的时候,他向祖父和父亲汇报了自己的学习情况,并讲到自己将来的志向是学农,为农业发展积累更多的知识。祖父和父亲十分高兴,认为布洛格将来上大学肯定是不成问题了。因此,祖父和父亲开始为诺尔曼上大学准备学费了。

历尽艰辛的大学生

1932年，布洛格从克列斯科高中毕业了。这时，在1929年开始发生的经济大萧条还没有过去，工业和农业都十分不景气，农民的生活水平也在急剧下降。社会动乱，毕业后的前途难卜，每个毕业生都怀着忧虑的心情，各奔前程了。

布洛格在学习方面和体育方面成绩都是优异的，他是学校里公认的一个优等生。但是，这又有什么用呢？没有奖品，没有奖金，也没有助学金，他为自己的前途而焦虑，为自己能否再继续学习农业知识而忧心忡忡。于是他去请教哈利老师，希望他能出个好主意。哈利告诉他，位于雪松瀑布的衣阿华州立师范学院，有一个培训理论教师的奖学金名额。但是，这个奖学金名额要等到下一个年度才能得到。虽然这所学院不是综合性大学，也没有农学科，但在这种形势下，是能够上大学的唯一机会。布洛格本心想学农学，苦于没有机会，只好勉强地申请这个奖学金，并且决定耐心地等待一年。

布洛格

布洛格在度过几年生气勃勃、丰富多彩的学校生活之后，再回到家里过这种单调的、毫无生气的日子，这对他来说多少有些感到寂寞和无聊。但是诺尔曼这时已经是一个办事果断、精力充沛的大孩子了，在他看来，这一年的时间很快就会过去。他不肯闲在家里，而是一心一意地帮助祖父和父亲在农场里干活。在自家农场农活不太紧张的时候，他还自己到附近的农场联系，找活干。做雇工的工钱很少，每小时只挣几分钱。工钱虽少，但是积蓄起来，也能多少帮助家用。

夏天过去，秋收的时候，工作更不好找，因为附近农场大多数都种小麦，秋收的活计并不多，而在漫长的冬日，布洛格不得不待在家里。这时他就找出在哈利老师那里借来的农家书籍，认真地读起来。有时也偶尔能找到点活，但那些活都是人家不太愿意干而且非常累的活计。那年冬天，在摄氏零下20°至30°的严寒日子里，他为了每天3角5分钱的工资，去为人家砍木桩。在寒风怒号的山林里，踏着没膝深的白雪，选择粗细合适而又笔直的树木，砍下来，再削去枝杈，按主人的要求截成标准的长度，在根部用斧子砍出尖头。这样的冷天在山林里干活，是一般的孩子所不愿干的，布洛格为积攒点钱，为明年上大学花用，为了减轻祖父和父亲的负担，他干得非常起劲。每天回家，棉袄和棉裤都浸透了汗水，走在路上就变得冰凉刺骨。

在没有活干的时候，他就去打猎。在白雪皑皑的森林里，他下网夹，捕捉小兽类，然后到克列斯科镇去卖兽皮。他捉到过松鼠、野兔、麝鼠。这些兽皮都不是珍贵的东西，一张野兔皮才能卖到半美元。人们只能用它来换棉手套或棉帽子，因此也不值几个钱。每次打回这些小动物，他要学着剥皮，再把皮用麦糠调和硝土反复揉搓，方能使毛皮干净，无腥味，皮板柔软。这道工序需要三四个小时。有一次他十分幸运，在河边下的网夹，夹到了一只水豹。水豹的皮就是比较稀有和珍贵的了。他高兴得跳了起来，顾不上再去察看别的网夹，回到家来，细致地剥皮加工，柔软亮泽的水豹皮真是让人喜欢。这只水豹，他竟赚得6美元，这是一个让人吃惊的收获了。

就这样，他每天都要出去检查他下的网夹，看看是否有猎物在那里挣扎。打猎所得的收入极其微薄，而所付出的劳动又非常艰巨。但是，猎物的肉和油都为家庭餐桌的菜肴增加了难得的油脂和蛋白质，而且使他的积蓄一点一点地增多。准备钱上大学，这强烈的精神支柱，使他有追求有奔头，有使不完的劲儿。

在入冬以来最寒冷的一天，布洛格又到小河边去检查他上的网夹是否有猎物。自从他上次在河边捉到一只水豹之后，他在河边下的网夹又多了五六副。他多么希望能再捉到几只水豹啊！他兴冲冲地在小河边走来走去，细心检查网夹和观察野兽的踪迹。不久，他就惊奇地发现，一只网夹已经被野兽拖走了，在厚厚的积雪上留下明显的印迹。他凭着多次猎获小动物的经验，从野兽的足迹来看，十有八九是一只水豹。他心想这只水豹一定是被夹住了，不会走太远。他就满怀希望地跟着雪地上的兽迹，跟踪下去，一直走到比往常远得多的地方。当时的气温已经下降到零下20多度。随着夕阳西下，气温还在继续下降。有了水豹的极大吸引力，他不觉得累，也不觉得冷，加快了脚步继续跟踪。不知不觉他发现这里的河冰和两岸的树木是自己从来没有见过的，他停下脚步，喘息一会儿，再确定一下自己现在的位置。这时他不禁倒吸一口凉气。四周山峰很高，树木也粗壮成片，小河变得很窄，岸边就是陡峭的岩石。山风呼啸着，太阳已经落山许久了，眼前变得昏暗起来。他知道离家是相当远了，似乎是到了小河的最上游。他不禁有些害怕起来。但那水豹的足迹就在脚下，难道能就此放弃吗？那可是6美元啊！他定了定神，心想，沿着小河边往回走，见到小桥就快到家了，不会迷路的。于是他就继续追下去。不知又走了多远，在一片灌木丛的前面，野兽的踪迹消失了。他知道水豹带着网夹一定是在这灌木丛中，一阵兴奋和激动，开始在树丛中仔细寻找起来。灌木丛枝权交错，坚硬的尖刺划破了他的手指。突然，他眼前一亮，那网夹被纵横交错的树枝挂住，一只皮毛油亮的水豹正在树丛里拼命挣扎，一条后腿被网夹紧紧地夹住。他的手颤抖着，两眼瞪得滚圆，照准水豹双手用力抓去，一只水豹终于到手啦！

这时，天已快黑了，他抬头向天空一望，只觉那刚刚升起的月牙儿格外美丽，星星格外明亮。他急忙捆好水豹，收起网夹，快步往回走。这时，他的衣服因出汗太多已经结了冰，硬邦邦的，就像坚硬的铠甲披在身上，彻骨的寒风从衣服下面钻进来，顿觉浑身打战。他加快了脚步，眼睛使劲盯住河岸，他盼望着小桥快些出现在前方。已经是深夜了，他才回到家来。祖父祖母和父亲母亲都没有睡，他们在焦急地盼着布洛格回来。在温暖的屋子里，当他那麻木的四肢逐渐恢复知觉的时候，布洛格才感到疼痛难忍，就像十几年前，他从小学排队回家那天所经受的一样。然而，这次受冻的程度可比那次更厉害了，以至于第二天，他就得了严重的肺炎。

那几天，他神志不清，躺在床上，只觉得似乎有人在他身旁走动，还模模糊糊地听到有说话的声音。他已记不清那几天究竟是怎么度过的，只恍惚记得祖父曾拿着那个加了热水的酒壶，用威士忌擦他那疼痛的胸部，并且低声地抚慰他，房间里充满了刺鼻的酒味。这使得他记起了祖父在好久以前曾说过的话．"诺姆，你可不要小看这酒啊！有时候，酒是可以救命的！"一连几天，祖父都守在诺尔曼的身边，每天三次用热威士忌擦他的胸部和喉部，使他觉得轻松多了。

布洛格本来身体强壮，从来没得过什么病，这次虽然比较严重，但他一清醒过来，就表现得精神快乐，为的是不使老人们着急。祖母和母亲多次催促父亲再请医生看一看，再吃点药。可诺尔曼坚决不让父亲去，他总是说没事儿，很快就会好起来，现在就好多了。他心里想，能挺过去就别花钱看医生吃药了。他知道钱来得是多么的不容易啊！

他的身体慢慢地康复了。这时天气仍然是非常寒冷，布洛格一好起来．就张罗着收拾网夹，还要出去捕捉猎物。这回全家人都坚持说，千万不能再去干那冒险的事了，必须在家休息一段时间。祖父还藏起了他的网夹。诺尔曼只好在家待着，盼望着春天快点到来，以便去做短工。

当春天到来的时候，各家农场的活都忙了起来，雇工也多了，工资也相应提高了。布洛格在帮助祖父和父亲忙了几天之后，就去打短工了。每天的工资，由5角增加到1元，到初夏的时候，他已经积蓄了将近50元。父亲答应他，假如能考上大学，就再给他50元。父亲的这种支持对他来说确实是一种莫大的鼓励，但是他清楚地意识到，在经济不景气的大形势下，农产品价格很低，父亲是挣不了太多的钱的。两个妹妹上学也需要钱，而她们还不能挣钱，自己呢，倒完全可以靠做工来积蓄上学的费用。

5月份，雪松瀑布的那所师范学院来信了，信里通知他可以得到部分助学金，其余的费用，学校也保证通过为他介绍工作来补足。布洛格知道，这是哈利老师极力推荐的结果。这时，他立志学农的愿望看来是达不到了，他产生了犹豫，他也不甘心放弃学习农业的初衷，迟迟几天没有回信。祖父也是希望他上名牌大学的，他也一直在考虑祖父的意见。"诺姆，我的孩子，不管怎么样，你都得上大学，不管学什么，都应该去！"祖父又对他说，"如果你不上大学，你的前途就没有保障，当然，你是对农业学科感兴趣的，但是条件不允许。师范大学也是大学，像你堂姐那样当个教师也蛮好的，你不能打退堂鼓，在生活中。退却就意味着一事无成啊！你迎难而上，勇往直前啊！"于是，布洛格给师范学院回信表示深深的感谢，并表示一定在9月份开学时准报到。这样，布洛格的前途似乎就这样定了。

可是在还有一周就要报到的时候，布洛格正在准备各种用品，一件意外的事情发生了。他在高中时的好朋友，上一级同学，校足球队队长乔治·查木林来到了布洛格的家。现在查木林已是明尼苏达大学足球队的中卫，他受学校的委托，在四处物色出色的足球队员。查木林非常欣赏诺尔曼的意志和技术，这次来就是要请布洛格到明尼苏达大学去读书。

明尼苏达大学是个综合性学校，各种科目都有。

但是，布洛格是个讲信用的人，他已答应去师范学院，改变主意有些对不住学校和哈利老师。然而明尼苏达大学的农学院又具有那样大的吸引力，同时他也考虑到住宿和吃饭的问题难以解决，因为没有助学金，自家的财力难以支付。因此，他很犹豫。查木林认为布洛格是个不可多得的足球运动员，就千方百计地竭力说服诺尔曼，他说：布洛格在高中摔跤队的伙伴阿普敦正在打点行装去明尼苏达大学了，住处已经找好了，房间有两个双人床，每月租金20美元，可住4个人，大家分摊，花的钱就更少了；吃饭吗，可以找个餐馆去打工，吃饭的地方也可以解决。布洛格经不住劝说，心动了，但他还要征求祖父和父亲的意见。祖父知道明尼苏达大学是个名牌大学，又有农学院后，一心想把孙子培养成才的强烈愿望，使他立刻赞同并立即取出自己的旧钱夹，把其中11张1元的钞票全部塞到布洛格的手里说："下决心去吧，这点钱对你可能会用处更大，诺姆，拿去用吧！"

第二天凌晨，布洛格就坐着查木林开来的旧雪佛莱汽车，去接了阿普敦之后，又急行了24公里，越过了衣阿华州的边界，然后就朝着240公里外的姊妹城明尼阿波利斯和圣保罗驶去，明尼苏达大学就坐落在那里。下午5点钟，他们一行三人就来到了查木林预先给他们找好的房子里，匆忙安顿好行李，查木林就催着他们赶快去找工作。因为眼下需要人干活的地方不多，再过几天，大批学生来上学，就会有几百名学生都来寻找工作，到那时工作就更不好找了。他们开着汽车去了几家小饭店，但都不用人。最后来到一家咖啡馆，正好需要十几个学生做侍应生，要求是每天早晨7点来伺候顾客用早餐，工作一小时，随后供给他们一顿早餐这就算是工资了。至于午餐和晚餐也同样如此。这样他们吃饭的问题就解决了。布洛格手中的60多元钱，除了交25元的学费，零用钱也差不多可以维持半年的生活了。

布洛格从来没有做过侍应生的工作，开始有些不好意思，所以干起活来显得笨手笨脚。咖啡馆经理就对查木林带着威胁的口气说："要么把他训练成一个称职的侍者，不然干脆就辞退了他，反正现在找活干的学生特别多！"听了这话，布洛格的头脑顿时清醒了，残存的那点虚荣心也就一下子烟消云散了。以后，他做事非常细心，很快他就成了做这种工作的能手。

学校开学了，布洛格却受到了一次极大的打击。按通常情况，在美国高中毕业生升入大学根本不需要考试。但是衣阿华州高中的数理化的教学进度要比明尼苏达州差一年，因此诺尔曼的数理化的实际程度是否符合明尼苏达大学的要求，这只能通过笔试来确定。考试的结果，阿普敦及格了，被分配到文学院，而布洛格却只差了一点点，未被录取。但是评委会给了他一次面谈的机会,而通过这次面谈,评委会主任对布洛格产生了极好的印象,决定想方设法挽留这个年轻人,把他分配到预备学院。这个预备学院被人们称为"笨蛋学院",布洛格受到了极大的打击。

他知道,如果不去这个学院,就意味着回家,永远没有上大学的机会了。他顶住人们瞧不起的眼光,在这所学院里用心学习,争取早一点进入正式学院。布洛格是不甘心在烦恼中度日的,他更加发奋图强了。他的教师是弗米德·郝夫德博士,是一位有远见卓识的学者,也是学院的副院长。他看出了布洛格的志向,并且意识到这个乡下小伙子好胜心极强,急切地希望尽快取得好成绩。在布洛格参加摔跤比赛、垒球比赛和足球比赛的时候,郝夫德博士也细心观察过,他看出这个小伙子总是以顽强的毅力试图战胜一切对手。在期末的一次大学举行的摔跤比赛中,布洛格凭着顽强的毅力和灵活的动作,战胜了许多比他块头大得多的运动员,取得了冠军。郝夫德开始重视这个乡下小伙子了,学期考试布洛格也取得了优异成绩。

在12月的一天,郝夫德副院长找到了布洛格,准备破格提拔他到正式学院学习,征求他对学什么专业的意见。布洛格毫不犹豫地回答:"农学院,专修农业和林业!"郝夫德副院长同意了布洛格的请求,这就是说,下个学期布洛格就可以到农学院上学了。当他离开院长办公室的时候,他简直高兴得无法形容。

可是不幸的是,布洛格打工的咖啡馆倒闭了,他没有了吃饭的地方,手中的几个钱要是再付饭钱就根本不够用了。这时他就随时随地找零活干。有时,当剧院举办音乐会的时候,布洛格便去替听众照看汽车、擦洗汽车、给主人打开车门,这样就可以挣几角钱,但就是这样的活也不是经常会有。

正当他们由于经济问题而被弄得狼狈不堪的时候,阿普敦听到了一个消息,说是在另一所大学的女生宿舍里,要用几个人为有钱人家的女学生侍餐。他们就立即奔去,找到那个宿舍的女管理员尼古拉斯夫人。夫人很同情他们,立即决定雇用这两个小伙子。他们每日侍餐三次,可以吃三顿饭,还给几角钱工资。尼古拉斯夫人像母亲一样关心和照顾这两个男孩,使布洛格感到温暖。后来,在他回忆起那一段生活时,总是感到喜悦和感激。

后来,学校为解决学生的经济困难,开展勤工助学,布洛格又担当了为昆虫学系用小针固定标本、整理教室的工作,每小时工资2角,每周15小时,这样每周就可挣3

元钱。这样一来，这两项工作就把他的时间表挤得太满了。去女生宿舍侍餐，每周要用去 30 多小时，昆虫学系用去 15 小时，一共 45 小时。也就是说，每周他要在包括上课、听报告、阅读、写作业、往返农场实习及摔跤足球训练的那张大学作息时间表以外，再抽出 45 小时的时间来。

时间就像是一件紧身衣似的把他紧紧地箍上了。他每天早晨 5 点半起床，以便能在 7 点钟去侍餐前学习一个小时。他侍餐的女生宿舍离农学院 8 公里，而他上课的时间是 8 点半，这就是说，他要在一个半小时内，既要完成侍餐、吃饭这两件事，还要跑 8 公里赶去上课。上午的课一直要持续到 11 点半，然后他必须赶在 12 点之前去侍餐。下午是 1 点半上课，一直到傍晚才结束，每周还有五天要在下课后去体育馆练习 90 分钟摔跤，这五天就更紧张了。练完摔跤后，得赶紧去淋浴、穿衣，以便在 6 点 45 分前赶到女生宿舍去侍晚餐。在周末，或者晚间没课也不举行讲座的时候，他还得去昆虫学系完成工作任务。时间真是实在太紧了，他只得减少睡眠时间。清晨 5 点或 4 点半就起床，来完成一天的繁忙学习和工作，来保证自己能继续读大学。

每当放假的时候，本该放松一下那绷紧的神经和疲劳的身体了，然而布洛格却要自己再挣些钱，以减少祖父和父亲的负担。他不敢有丝毫的松懈，他还要设法去打短工。这一年暑假他没有回家，他找到了一家罐头厂做割豌豆蔓和装车的工作，每天劳动12小时，每小时工资1角5分，每天就可挣到1元8角。由于他干活从来不怕出力气，很得经理满意，经理又让他兼做统计员，工资长到每小时1角8分。布洛格要逐一检查两个班的工作进度，记好产品的数量，因此每天要工作20个小时，每天工资是3美元60美分。

开学以后，布洛格又接受了学校分配的一项工作，为兽医系喂养供实验用的动物和清理打扫兽笼，每周三个早晨，每次两个小时。这样一来，他必须每天3点钟起床，4点钟骑车到农场去。时间更紧了，工作更劳累了，但是他为了能多挣1元钱，还是不辞辛苦地满有劲头地去工作。

第二年的暑假，他大胆给国家森林局写了一封信，以碰大运的心情，请求去森林局当一个临时的林务员。没想到还真的取得了森林局的同意，他可以去看护森林，观察火情、防止火灾发生。他满怀喜悦地去报到，今年又有活干了，可以挣钱作为下学期的学费了。森林局分配给他的工作是到一个与外界完全隔绝的深山中的观察点去。这个观察点在美国一个最遥远、最偏僻和最荒凉的地区，并且由于经费原因，只能派他一个人去看护一个多月。

布洛格在马夫的带领下，骑着马，走过杳无人烟的重峦叠嶂，冒着山林里的冷风，来到了他值班的工作岗位。那是在一座海拔2580米的高山上的小木屋，他要在这里独自生活7周。在这几乎是与世隔绝的地方，虽然只有他一个人，一个人进餐，一个人洗脸，一个人站在山顶观察火情，但是他从未感到孤独和厌烦。相反，他觉得日子还是过得蛮有意思的。小屋的周围是高低不平、一望无垠的大山和树林，他在没有险情的时候，就观察树木的生长、树木的病害，把所学的林学知识在实践中检验。

在学习方面，布洛格的刻苦精神和钻研劲头受到老师的称赞，他的善于独立思考和丰富的想象力引起校内农学专家的注意，老师们都认为他是一个必将有所作为的人。那年季开学以后，诺尔曼遇见了一位对他一生的事业有着极大影响的人。

一天下午，他正在植物病理实验室里埋头做着实验。当他从显微镜上抬起头来的时候，他看到一个大约50岁上下年纪、身体结实的人，正叼着烟斗注视着他。当时，布洛格正在仔细观察植物标本，竭力想确定各种真菌留在植物根茎上的具体颜色。因此，他对这位不速之客丝毫没有注意。那位陌生人在他身后站了一会儿，就开始向布洛格提问了。陌生人既不问他的姓名，也不问是哪个学院的学生，直接问关于植物的有关问题，如真菌在植物根茎里的存在状态，真菌在不同植物体内对植物有什么影响，各种植物的形态解剖和化学结构的特点又如何，为什么有些在显微镜下上了色而有些不上色呢？是什么原因使他们各有特点呢？……所有这些都是研究植物病理学方面的尖端问题。面对这种连珠炮似的发问，布洛格简直有点发怒，但他所做出的回答却还是合乎逻辑的，对于这一点，发问者似乎很满意。

当布洛格的导师走进实验室的时候，十分热情地向陌生人问好，那位不速之客和他的导师握握手，笑了笑，带着满意的笑容走出实验室。他的导师告诉他：这个人就是植物病理学系的系主任斯塔门博士，他是美国这一学科的知名科学家，也是这一学科中最受人尊重的一位科学家。

在几年之后，布洛格才知道，斯塔门博士的突然出现和这种突然袭击式的发问，并非偶然，而完全是有意安排的。这是为了测试他的反应是否灵敏，并了解他的答辩能力的一种方式。在这以前，斯塔门博士曾经看过他的摔跤比赛，由于他战胜了所有对手，格外引人注目，博士为他那种非战胜对手不可的勇气和顽强的毅力而感到吃惊。当时，这位系主任就想：如果诺尔曼在研究学问上也有这种顽强的毅力的话，那么他在研究植物病理学领域就会是个极有潜力颇具前途的人。

两个星期以后，布洛格在海报上看到斯塔门教授要作关于植物锈病性质的学术报告。他正在这方面进行认真学习，他知道植物锈病是一种寄生性真菌，它危害植物，特别是小麦最容易染上这种病。真菌吸取植物的汁液以获得营养，最终造成植物枯竭致死。斯塔门的讲学对诺尔曼的课程极有好处，所以他怀着极大的兴趣去听报告。

斯塔门博士虽说是位从事植物病理学研究的国际权威，但是在那天晚上，当他走进座无虚席的大礼堂，站在讲堂前发表演讲的时候，与其说是一位科学权威，倒不如说他是一位极有吸引力、非常令人信服的教师。他的风度、他的诚挚和热情的态度、他那非常有说服力的语言，都给布洛格留下了难以磨灭的印象。

斯塔门的报告，不仅概述了锈病研究的最新成果，而且还讲到了有关导致锈病的那种真菌的进化方面的研究。

整个报告非常精彩，渗透着极深刻的哲理。博士的最后一段话，深深打动了诺尔曼，令他久久不能忘记，斯塔门说："今天科学的发展已经能够做到把一种植物的花粉移到另一种植物的柱头上，运用人工授粉进行杂交的办法在谷类作物中培育抗锈病品种。但是这种成功也是暂时的，因为导致谷物锈病的真菌是变化多端、不断进化着的，我们切不可以对此掉以轻心。真菌，这种游离的遗传物质的片段是大自然的杰作，而锈病又是人类食物最凶恶狠毒的一个破坏者。我们必须利用科学领域中的一切手段，同它们作长期不懈的斗争。"

布洛格听完这个报告，在寒冷的深夜步行回家的时候，他一面走一面思考着斯塔门的预言。科学、病虫害、粮食、饥荒、生存，这一切都是紧紧地互相交织在一起的啊！

布洛格的大学生活，就是在这种劳苦紧张而又充满活力希望中度过的。他毕业成绩全优，是大学里有名的好学生，当然顺利地获得了学士学位。后来，他又找到了几份临时工作，攒了点钱，继续读了研究生，专攻植物病理学，也顺利地获得了硕士学位。研究生毕业后，在导师斯塔门的推荐下，在大学的植物病理学系为他找到了一个科研助理的工作。在导师斯塔门的支持下,又边工作边攻读博士学位,在获得博士学位后,斯塔门又把他介绍给了特拉华州威尔明顿的生化实验所。这个实验所设备完善,而且研究的课题又与他的专业对口,如杀虫剂、除草剂以及谷物锈病防治法等,都是布洛格非常愿意和急于掌握的东西,也是极有前途的项目。他将在这个实验所担任负责人工作,因为他学业优异,论文在美国科学界产生了影响,已经被认为是一个农业科学领域的知名学者了。他年薪2800美元。这个数字在布洛格听起来,简直是天文学数字。不知不觉,扎扎实实艰苦奋斗的布洛格,现在一下子成为农业科研人员,是他早先不敢奢望的。一下子真的降临到头上,还真有些吃惊不小。布洛格立志解决农作物生长难题的愿望终于可以实现了。

卓越的贡献

诺尔曼·布洛格在少年时代养成的品格和经历的磨难，为他在农业科学研究上取得卓越的成就奠定了坚实的基础。少年时代受到的教育，包括学习、人生、习惯、常识方面受到的熏染，都对他成年后的生活产生了巨大的影响。

布洛格在威尔明顿生化实验所是称心如意的，他从事着他愿意为之奋斗的专业，有了施展才能的理想天地。这时他已经结婚了。他的妻子叫玛格丽特，是他上一个年级的同学，他们是在那个咖啡馆打工时认识的。玛格丽特长相俊美，性格开朗，非常支持布洛格的研究工作。

1944年，布洛格的生活和工作发生了一次巨大的转折。他在导师斯塔门的推荐下，被推荐到墨西哥去研究小麦新品种。

那时墨西哥的经济已处于摇摇欲坠的境地。为了挽救这种局面，墨西哥政府向美国提出紧急请求，呼吁美国政府帮助实现它的一项发展农业的计划。白宫请洛克菲勒基金会协助处理这件事。该基金会就在1940年指派了一个由科学家组成的小组，具体着手研究这项计划的实施。他们决定从研究土壤质地及肥料着手，目的是要找到小麦、玉米及其他谷物增产的有效途径。小组由三位权威的科学家牵头。他们是康奈尔大学的理查德·布拉德，他是土壤学专家；哈佛大学的保尔·西·曼吉尔斯德夫，他是玉米育种的遗传学专家；诺尔曼的老师、明尼苏达大学的教授埃尔文·西·斯塔门，他则是从事小麦和谷物真菌病研究的专家。三位权威专家经过到墨西哥的实地考察，提出了详细的报告。实施这项计划，要许多科学家前去墨西哥从事这项计划中的各种实验。斯塔门首先提到了布洛格，向基金会极力推荐他。斯塔门对布洛格的评价是："他是一个非常勇敢和坚定的人，他不会被任何困难所压倒，并且总是保持着一种执著的追求和满腔的热忱。"

当时，布洛格在植物病理学的领域已经取得了某些成果，也有了一些突破。他受到了威尔明顿生化实验所的重用，薪金更高了。他的女儿已有两岁了，玛格丽特又怀上了第二胎，刚好6个月。斯塔门来征求意见时，以客观的态度对布洛格和玛格丽特讲："我必须对你讲清楚，聘请你到墨西哥去从事那项工作是要经历千辛万苦的，而且是十分困难的，这是一项为期很长而又难于开展的计划。假如说我是非常希望你参加这项工作的话，那么，诺尔曼，现在我就只能这样对你讲：这项工作是值得干的，墨西哥人正在忍饥挨饿，而这项工作的目的正是要让他们吃饱肚子。"

布洛格经过一番思考，觉得导师的看法是对的，去墨西哥从事的计划是一项伟大的事业，值得为它去拼搏去牺牲。但他看着身怀六甲的妻子，他又觉得远离故国，没人照料快要生孩子的妻子，有些于心不忍。于是他和妻子心平气和地讨论这件事。威尔明顿实验所的工作既安全又有前途，墨西哥的事业却是一项冒险的事业：生活动荡，前途未卜。

然而一向支持丈夫的玛格丽特非常理解斯塔门博士的苦心，也非常了解丈夫要干一番大事业的心情，她坦率地表明态度，支持丈夫到墨西哥去工作。布洛格要告别怀孕6个月的妻子，告别心爱的女儿，去遥远的异国他乡，还不清楚几年能回来，做出这个决定是多么不容易啊。

1944年9月的最后一周，科研小组向墨西哥出发了。他们开着汽车经过四天的颠簸，才到达墨西哥城，和先期到达的特别研究室负责人哈拉尔博士会合了。布洛格提出，在第二天就要到墨西哥的农田里去看一看。他们的实验场选在巴吉欧。当布洛格一行到达这里时，他所看到的情景使他大为震惊。大片的土地被晒得干巴巴的，到处都是凸出地面的被雨水冲刷掉表层土壤的光秃秃的石块。

几十年来，每季都种植同一作物小麦，已把土壤中的精华吸收殆尽，土壤中含有的作物赖以生存的矿物质：氮、磷、钾、铜、钴、锌等，由于连年被作物吸收，已经枯竭。可是，那里的农民根本不知道土壤中还有这些东西，更不知道它们的作用，当然也就不可能想到要给土地适当地补充一些营养。改良土壤，使土壤逐渐变得肥沃起来，这对他们来说是十分陌生的。土地贫瘠，小麦生长得十分不好，大大降低了抗病能力，因此小麦锈病又格外严重，有的年份竟然颗粒不收。这里农业生产十分落后，农民既没经验，又不懂技术，甚至连犁地农具也没有多少。还有许多农民，一辈子都在高低不平的小块地种玉米，从来没有种大片小麦的经验。总之，肥力耗尽的片片土地给那里的人留下的印象是极为悲惨的，人们已经处于绝望的境地。布洛格经过进一步调查，他还看到，农民所采用的仍然是世世代代传下来的落后的耕作方法，极力反对采用新的耕种方法。他们还很迷信，大多用木犁耕地；认为铁犁会伤害土地的地脉，会受到老天的惩罚。而且这种迷信常常是根深蒂固、难于改变的。

布洛格的心情开始沉重起来，怜悯、同情、义愤、责任、义务、人性的良知，一齐袭上心头。他深切地体会到自己肩上的担子多么沉重，他所要走的路多么艰难，他从事的研究又是多么重要。

布洛格带着他的几个助手，整天在田地里东奔西走，他们把各地的土壤带回实验室分析，向当地农民讲解化肥的作用和使用方法，也教给他们新的耕作方法，这些工作难度是相当大的。他们最主要的是整天在麦田里观察小麦的长势，严密监视小麦锈病的发生，研究锈病的状态和发展。他们还在巴吉欧建立了实验田，种植小麦和玉米。经过一段的研究，他们明确地了解到，墨西哥的小麦在很早以前就已完全丧失了抵御锈病的能力。墨西哥小麦的锈病主要是茎锈病、黄锈病和叶锈病，而这些锈病是极难控制的。而在当地人来说，控制小麦锈病简直是不可想象的，农民面对这种毁灭性的打击，只能仰天兴叹。一旦发生茎锈病就会迅猛地蔓延而猖獗一时，致使数平方公里的作物呈现一片焦黄，很快死去。茎锈病曾经连续摧毁了墨西哥的主要产粮区。

经过几年的试验和研究，布洛格培育出具有抗墨西哥小麦锈病免疫力的新的小麦品种，经过推广，收益很大，这增强了他的信心。后来，他又大胆地把这种新品种由种植一季变成种植两季，避开茎锈病发生时期，在通常发病的季节，正是小麦收割的时候，也增加了小麦的收成。

后来，他又突然想到：稻子对锈病是免疫的，它虽然也有病虫害可是它从来不受锈菌的侵害。他就想：能不能找出一种把小麦和稻子杂交的办法，把两者的优点集中在一种作物上呢？过去曾有人把小麦和黑麦进行杂交，结果产生出一种不结籽的作物，他知道这是由于遗传方面的障碍造成的。把小麦和稻子杂交，有没有办法消除这种遗传障碍呢？如果把几百种不同品种的小麦和稻子杂交，也许会有一种在杂交后产生既有抗锈病能力，又结果实的作物。不过这种试验是十分浩繁的工程，解决墨西哥的燃眉之急恐怕来不及了，只有作为他进一步育种研究的课题。

后来，他经过苦心研究，培育出了一种矮秆小麦的新品种。在试验田时，这种矮秆小麦长得和膝盖一样高，茎叶粗壮，一簇簇的麦穗蓬松金黄。它们同墨西哥的亲本相比，已经显出截然不同的特征。特别是它们有抵御锈病的能力，整整两年的试验，都没有茎锈病发生。这种新品种得到斯塔门的充分肯定，正式建议在墨西哥大面积推广，收效异常显著。经过几年的耕种，得到农民的认可。墨西哥的小麦开始恢复了生机，粮食增产幅度非常大，农民吃饱肚子的理想终于实现了。

这一伟大成果的效益是无法估量和计算的，因此得到了联合国农业组织的肯定，诺尔曼·布洛格的名字在联合国农业组织里已经尽人皆知了。当时，世界上许多国家的农业不景气，大批的人民在挨饿。于是联合国农业组织决定成立一个调查组，召集加拿大、巴基斯坦、阿根廷、美国的几位小麦专家，在诺尔曼·布洛格的带领下到阿尔及利亚、利比亚、埃及、约旦、黎巴嫩、塞浦路斯、伊朗、阿富汗、巴基斯坦和印度等地去进行系统的调查，及时推广诺尔曼的矮秆小麦新品种。布洛格在世界各地飞来飞去，他的抗锈病的矮秆小麦新品种也在那些地方生根、开花、结果。

布洛格的矮秆小麦，在印度和巴基斯坦取得的成果最突出。1968年在印度种植了90万亩，在巴基斯坦种植了40万亩。这些小麦以顽强的生命力茁壮地成长，无数的麦穗又粗又大，逐渐变成金黄色，在灿烂的阳光下，沉甸甸的麦穗现出耀眼的光芒。那里的人们从来也没见过这么饱满的麦粒。在这两个国家中种植的矮秆小麦都没超过小麦总种植面积的 1/5，可是产量却惊人地占总产量的 42%。这一年印度的小麦产量达到 1600 万吨，巴基斯坦达到 700 万吨。

矮秆小麦的平均亩产量十分引人注目，和印度最好的高秆小麦 C306 小麦相比，矮秆小麦的优势十分明显。就长势来看，那 90 万亩的矮秆小麦长得又短又齐，就好像用刀裁过的。高秆小麦平均亩产量低于 14 蒲耳，而矮秆小麦则高达 30 蒲耳。因此，极大地解决了这两个国家的粮食短缺问题，受到两国政府的高度重视。印度总统甘地和巴基斯坦总统叶海亚·汗都亲切地接见了布洛格，两位首脑甚至把他看成救命恩人、两国人民的救世主。

解决了人们填饱肚子的问题，就会给世界带来安定，带来和平，就会推动社会进步。增产粮食，是人类文明的最伟大成果。

1970 年 10 月 20 日，是一个不平常的日子，而这一天的清晨又是异常的安静。布洛格的家在一般情况下是安静的，而这一天又显得格外安静。正是这一天，整个墨西哥正在哀悼它的前总统拉塞罗·卡德纳斯，墨西哥城全城、墨西哥全国都停止了一切活动。

7点钟刚过，一阵急促的电话铃声打破了布洛格家的宁静，玛格丽特正在穿衣服。她走过去接电话。是一个男人的声音。他自称是《奥斯陆邮报》的记者，要找诺尔曼·布洛格讲话。玛格丽特告诉他布洛格正在他们的实验田里，已有好多天不在家了。那位记者很失望，但没有说明打电话到底有什么事。过了一会，那位记者又来了电话，这次他略带激动地说：诺尔曼·布洛格将被宣布为诺贝尔和平奖的获得者。

玛格丽特简直不相信这个消息，他生怕这是在和她开玩笑，因为她和布洛格一样，他们认为布洛格的工作和成果是应尽的义务，是一个善良人的本分，他们把成就都看得很淡薄。"您是在哪里打电话呀？"她问他。那位记者告诉他，他是从挪威打的电话。整整两个多小时，大约30个电话，一个接一个地告诉她这同样一个消息。

玛格丽特无法和布洛格通电话，她知道他一定在实验田里，她只好给国际小麦改良中心高级负责人奥斯勒打了个电话，告诉他这个消息。奥斯勒当即答应派车去接他，然后到山区去找诺尔曼。他还叫妻子陪玛格丽特一同前去。

玛格丽特听到房子外面的汽车喇叭声，赶快出门，这时电话铃又响了,她急忙上车,眼下只好让电话铃一个劲地响去吧!汽车经过一个多小时的颠簸,开到了托卢卡小麦实验基地的附近。布洛格正在同一些学员们在麦田里劳动,他看到妻子跳下车来,突然有些不安,难道是出了什么大事吗?妻子是从来不到实验田里来的。他扔掉手里握着的麦苗,匆匆穿过垄沟向玛格丽特跑去。跑到玛格丽特面前时,他已是气喘吁吁了。当他听到妻子告诉他关于获得诺贝尔和平奖的事情的时候,他的表情没有什么变化。他有些不太相信这是真的。一向认真的布洛格认为,既然不是官方的消息,就没有理由确信。接着,他让妻子先回到城里,他要留在这里继续工作。妻子知道此刻与他争辩也没有用,只好登车回城。在汽车开动的时候,玛格丽特回头看到,布洛格低着头,弯着背,已经在麦田里和学员们一起劳动了。

学员们看到老师的妻子来了又匆匆离去,不知道发生了什么事,都来询问,布洛格这才告诉他们这个消息,他认为这只不过是一个谣传而已。叮嘱大家要安心地继续工作,不要受这个消息的影响。

没有想到,布洛格的安静时间延续了40分钟。40分钟以后,正如他后来自己所说的:"诺贝尔和平奖,有如

飓风般袭击了我的一生。"

最先来到实验田的是美国电视录像队,摄影师和记者看到满地满手泥污的人们正忙碌地干活,倒是搞蒙了。"谁是诺尔曼·布洛格呀?"有人不禁喊了起来。布洛格平静地站起身来,平静地对这些人说:他没有收到正式通知,没有什么好和记者们讲的。摄影师不答应:"这个消息已经向全世界报道了,我们不会搞错,就是搞小麦的诺尔曼·布洛格。"非要布洛格谈上几句感想。这里正僵持着,紧接着陆续来了几批来访记者,他们之间竟为了排定采访的先后顺序而争吵起来,这使布洛格感到很不自在。两小时以后,奥斯勒驱车赶到麦田,他立刻被记者们包围起来了。他对布洛格说:"现在没有办法躲开这些记者了,倒不如开一个记者招待会。"于是决定在当天下午在城里举行记者招待会,并接受各新闻单位的采访。

布洛格刚回到家里,打算换一换衣服,哈拉尔博士来了,他已控制不住激动的心情,立刻握住布洛格的手,两眼流下了热泪,抽泣着说:"我想这个消息应该是真的!"布洛格对自己的老上司说:"假如这个消息确实是真的,那也是咱们大家的荣誉,是您的、我的和斯塔门的,是我们全体工作人员的光荣。大家只不过把我挑选出来当个代表罢了。"

当诺尔曼·布洛格会见新闻记者的时候,他的脚上还穿着那双沾满泥巴的工作靴,手里还拿着他那顶长帽檐的垒球帽。奥斯勒发现了,靴子是没法换了,顺手把诺尔曼的帽子拿走了。记者招待会开了两个多小时,布洛格的话不多,许多问题都是由奥斯勒回答。

第二天,布洛格和平常一样到麦田里去工作,上午他到托卢卡麦田里收割、选种。但是麦田里到处是记者,弄得他片刻不得安宁。

在国际小麦改良中心本部办公室里,电函、电报、电话、电视采访络绎不绝。其中有甘地夫人的电话、叶海亚·汗的电报,还有各国首脑的电函。尼克松总统打来一封电报,电文是:"诺尔曼·布洛格使美国人有理由感到自豪!"

1970年12月10日,诺尔曼·布洛格接受了诺贝尔和平奖。和平奖委员会主席莱昂尼斯夫人称赞诺尔曼·布洛格说:"一个不屈不挠地同锈病进行斗争的人……向饥饿的世界提供的粮食超过当代任何一个人的人;……而且还是一个改变我们对前途看法的人。"诺尔曼在答谢词中说,他可不认为这项奖是给他个人的,这是奖给那些仍然在世界各个角落同饥饿进行殊死搏斗的全体战士的。他说:"绿色革命还没取得最后的胜利,因为人类本身繁殖得太快了。"

在接受了奖状、奖章和87000美元的无税奖金以后,布洛格全家以及同来的朋友一同参加了庆祝宴会和庆祝舞会。宴会结束后,他便同玛格丽特驱车前往他的家乡,他想要在那里住几天,他那被白雪覆盖的小小故乡鸣钟来欢迎他。那所农村小学的学生全都在路两旁列队欢迎。孩子们唱着歌、摇着旗,乡亲们请他吃斯堪的那维亚式的冷餐。布洛格激动地在家乡的宴会上作了几次讲演,他谈到自己的工作目的,这个目的,由于诺贝尔奖的缘故,已经同世界和平联系在一起了。"因为一旦同饥饿斗争取得胜利,就会为人类带来和平。""人们空着肚子",他再次强调说,"这本身就是咚咚的战鼓声啊!"

接着,布洛格就急着要去自己念念不忘的母校——克列斯镇上的高中,去看望关怀和教导他的老师。当他带着妻子儿女来到克列斯科的时候,全镇沸腾起来,镇上的人们都出来欢迎这位从克列斯科走向世界的伟大的人物,人们既高兴又有些自豪。镇上的父老是看着布洛格长大的,他们极力倡议,把布洛格到来的这一天,1970年12月20日,定为克列斯科的诺尔曼·布洛格日。高中的校长和老师带领全校学生走出校门欢迎他。他看着学校的巨大变化，看着自己的老师，不禁流下了热泪，恭恭敬敬地向校长及老师行礼。除了问好，别的话什么也说不出来。

学校举行了隆重的仪式，来欢迎这位从前的学生，现在的伟大科学家、伟大的和平战士。在体育馆的主席台上，诺尔曼与许多有名的人物坐在一起。衣阿华州州长雷蒙德教授给他颁发了衣阿华州卓越工作奖。高中原来的校长、他的体育老师白特尔玛博士也特地赶来参加这个集会。在他身边坐的是明尼苏达大学的斯塔门博士。斯塔门恐怕是在座者当中最感到骄傲的人了。来宾中还有洛克菲勒和福特基金会的官员以及各地研究院、政府机构和大学院校的代表。许多镇民也都出来参加这个为诺尔曼·布洛格召开的这个集会。在雷蒙德州长短暂致词以后，布洛格眼含热泪，满怀深情和无比激动地发表了振奋人心的讲演。他那朴实的语言、对家乡的深厚感情、对师长和父老的诚挚谢意、对青年的殷切希望，博得经久不息的掌声。

当他和父母在一起的时候，布洛格感慨万千。母亲的关节炎很厉害，已经不能走路，听了他获奖的消息，她很兴奋，她隐约知道全世界得到这种奖的人也不会太多。父亲在几年前几乎就双目失明了，而且记忆力很坏，说什么获奖他已经听不明白是怎么一回事了。布洛格抱着父亲和

母亲不住地流下了热泪。

祖父已故去多年了，布洛格因没有参加祖父的葬礼而懊悔一生。他和妻子来到祖父坟前，庄重地把美酒佳肴奉在祖父的坟前。他还把金灿灿的奖章和印着金字的奖状，放在祖父的坟前，他要让祖父看到他的成就，他要让祖父分享自己的幸福，他要用这成果来报答祖父的教诲。

他跪在那里，感慨万千，思绪奔涌，孩提时听到的祖父的教导重新在耳边响起："诺姆，对于一个人来说，受教育，就会具有一定的生活常识，这才是世界上最需要的。"

"多么奇怪呀！"布洛格思忖着，"祖父的人生哲学在今天看来，要比任何时候都显得更为重要啊！"